JN233856

ビジネスパーソンのための
ビジネス実務の基礎

増田　卓司　　白川美知子
金生　郁子　　木原すみ子
藤村やよい　　花崎　正子

学文社

はしがき

　本書は，日頃ビジネスパーソンとして，生産，販売，経理，総務，企画などの各分野で活躍している方々，および今後それらの各分野に就職しようとしている方々を対象として，少なくとも知悉しておくべきビジネス実務に関する基礎的知識とその活用の仕方を体得していただき，もって実践的職務遂行の開発に資していただくことを狙いとしています。

　このような観点から，本書の特色として，特に次のような点に配慮を加えたつもりです。

　その1は，ビジネス実務の知識や経験をもたないビジネスパーソンに，ビジネス実務に係わる基礎的な概念や精神を解説し，ビジネス実務に関する基礎的素養を身につけていただくようにしたことです。これによって，具体的な諸行動は，その後の経験や訓練によって向上することができます。また，それらを現場の環境条件に適合させることにより，応用力を身につけることもできます。

　その2は，ビジネス実務のカンどころを把握することによって，真のマネジメントを知り，担当業務の経営的役割と機能の理解に役立てていただくようにしたことです。このために，まず1，2章でビジネス活動の本質や会社の仕組みなどの内容を把握し，それらの基盤にたって，3，4章でビジネス社会におけるコミュニケーションや人間関係，5章でビジネスマナー，6章で情報の活用，7章でビジネス文書，8章で労働環境としてのセクシュアル・ハラスメントを理解していただくようにしました。

　その3は，内容は努めて平易に，しかも初心者にも充分に理解できるようにしたことです。このために，いたずらに理論のみに走らず，実践的な内容に主眼をおくようにしました。しかも，日常業務にすぐに役立つ内容のものとし，それに対する正しい判断と誤った判断とを評価できるように配慮しました。

その4は，ビジネスパーソンの自己啓発の促進，技能の体得に役立つように配慮したことです。このため，ただ受動的態度ではなく，積極的に自分の手と頭を動かし，実際に行ってみることが大切となります。そこに始めて自分で体得できるものが生まれてくるからです。

　以上を通じて，今後ますます要請される変転への適応能力を習得していただくとともに，意識改革をはかっていただき，それによって仕事に対する改革意識と向上心の刺激を役立てていただく，それらを本書の特色としたいものです。

　このため，本書はあくまで，"知識や経験は他人から与えられるものではなく，自らの力でもぎとるものである"ということをモットーとしたいものです。

　なお，私たちは本書によってビジネス実務の専門知識や技能を押し売りするつもりは毛頭ありません。私たちが毎日，汗水流して働く原動力を開発するため，私たちは何を考え，何をなすべきか，それを皆さん一人ひとりに本書を通じて，つかんでいただけるように助言・助力をしようとするものです。

　また，ビジネスパーソンとして，少なくとも体得しておくべきビジネス実務の考え方や技法を検討する場といたしたいのです。

　ともあれ，ビジネスパーソンに真のビジネス実務を体得していただくことは，迂遠な道のようで決してそうではなく，会社にとっても，自分にとっても，明日の仕事に意欲を燃焼させる泉となるわけです。あえて浅学非才をも顧みず，本書を上梓したいわれも，そこにあります。

　本書が，ビジネスパーソンの心にビジネス実務への関心を呼び起こし，自己革新への道案内役としていささかでも役立てば，執務者一同として，こんなに嬉しいことはありません。

　本書の刊行にあたり，学文社の田中千津子社長をはじめスタッフ諸氏には，種々のご心労をおかけし，格段の謝意を表す次第です。

平成15年4月吉日

執筆者代表　増田　卓司

目　次

第1章　ビジネスパーソンの使命 ━━━━━━━━━━━━━━━1

１．ビジネスパーソンの成立・要件・使命　1

(1) 私たちの生活とビジネス活動…1／(2) ビジネスパーソンの成立基盤…3／(3) ビジネスパーソンの要件…5／(4) ビジネスの社会的使命…6／(5) ビジネスと人生…8／(6) 職場と生きがい…9

２．人間の幸福とビジネス活動　11

(1) はじめに…11／(2) 人間の幸福とは何か…12／(3) 所得の欲求と存在の幸福…14／(4) 欲求充足の場としてのビジネス…16

３．人間はなぜ働くのか　20

(1) マズロー欲求の5段階…20／(2) 生理的欲求…21／(3) 安全への欲求…22／(4) 所属と愛情への欲求…24／(5) 承認（自尊）の欲求…25／(6) 自己実現の欲求…26

第2章　会社の意義と形態 ━━━━━━━━━━━━━━━29

１．企業とは何か　29

(1) 経済主体としての企業…29／(2) 生産経済体としての企業…31／(3) 企業の意義…33

２．企業の形態　35

(1) 企業形態の意義と分類…35／(2) 個人企業と法人企業…36／(3) 会社の定義と種類…38

３．経営の組織　44

(1) 組織の形成過程…44／(2) 経営管理機能と経営管理…45

第3章　ビジネスコミュニケーション ━━━━━━━━━49

１．コミュニケーションの意味　49

(1) コミュニケーションとは…49

２．対人コミュニケーションの内容　52

(1) 対人コミュニケーション…52／(2) 会社組織におけるコミュニケーション…53

3．プレゼンテーションの技法と活用　54

(1) プレゼンテーションの概要…54／(2) プレゼンテーションの変遷…55／(3) プレゼンテーション技法とその効用…56

4．プレゼンテーションの応用　58

5．プレゼンテーションの対応　59

(1) プレゼンテーションの企画書…59／(2) プレゼンテーションの仕方…60／(3) 発表の展開の仕方…60／(4) 具体的な話し方…61／(5) プレゼンテーションの態度・服装…61

6．プレゼンテーション活用の方向　62

第4章　人間関係 ―――――――――――――――――――65

1．自己理解と他者理解　66

(1) 自分を理解する（自己に気づく）…66／(2) 心の働きを高める…71

2．相手の存在や価値を認める　72

(1) ストロークのいろいろ…73／(2) ストロークの与え方，受け方…74／(3) ストローク不足の解決…76／(4) ストローク不足の方の対応…77

3．心の働き癖　78

(1) 人は共によりよく生きる本質をもっている…79／(2) 心の働き癖に気づく…80

第5章　ビジネスマナー ――――――――――――――――83

1．接遇応対・訪問のマナー　84

(1) 接遇応対…84／(2) 他社訪問…88

2．敬　　語　92

(1) 敬語の基本…92／(2) 敬語の応用…94

3．電話応対　96

(1) 発信（電話をかける）…97／(2) 受信（電話を受ける）…98／(3)

電話伝言メモの作成…100／(4) 電話での話し方…100／(5) 電話応対は組織全員で…102

4．ビジネス実務　102

(1) 事務と管理行動…102／(2) 指示の受け方…104／(3) 報告の仕方…105／(4) 会議やミーティング…106

5．クレームの対応　109

(1) 苦情応対の心得…110／(2) 苦情応対の禁句…110／(3) クレームを減らすには…111

6．ビジネスの冠婚葬祭　112

(1) 慶事のマナー…112／(2) 弔事のマナー…114

7．就職試験における面接マナー　116

(1) 身だしなみ…117／(2) 態度…118／(3) 挨拶…118／(4) 言葉遣い…119

第6章　情報の活用 ──121

1．組織と情報　122

(1) 情報の定義と特性…122／(2) 仕事で取り扱う情報…123／(3) 組織の中での情報リテラシー…124／(4) ネットワーク・システムの活用…126

2．情報の管理　128

(1) 情報管理の意義と必要性…128／(2) 情報の収集…129／(3) 情報の検索…129／(4) 情報の整理と蓄積…135／(5) 情報の提供…139／(6) 情報管理上の課題…141／(7) 情報倫理とセキュリティ…144

第7章　ビジネス文書 ──147

1．ビジネス文書について　147

(1) 文書の種類…147／(2) 文書の特徴…148／(3) 文書作成の心構え…148／(4) 文書作成の要点…149

2．文書の種類　150

(1) 社内文書・社外文書・社交文書…151／(2) その他の留意点…157／

(3) 手書きの留意点…158
　3．封筒・はがきについて　159
　　　(1) 封筒の書き方…159／(2) 返信はがきの書き方…159

第8章　労働環境としてのセクシュアル・ハラスメント ————161
　1．はじめに　161
　2．女性労働の実態　162
　　　(1) 女性の就業人口の増大…162／(2) 女性の職業分布の偏り…163／(3) 男女の労働時間の差異…163／(4) 男女の賃金格差…164
　3．女性労働の実態およびその背景とセクシュアル・ハラスメント　164
　4．改正男女雇用機会均等法（改正均等法）とセクシュアル・ハラスメント　165
　　　(1) 改正男女雇用機会均等法の施行…165／(2) 職場におけるセクシュアル・ハラスメントの種類と内容…166／(3) セクシュアル・ハラスメント防止のために事業主が配慮すべき事項…167
　5．労働現場におけるセクシュアル・ハラスメントの実態と対策　167
　　　(1) 事業主のセクシュアル・ハラスメント防止への取り組み…168／(2) セクシュアル・ハラスメントの実態…168
　6．おわりにかえて——働きやすい労働環境の創出　169

第1章
ビジネスパーソンの使命

1. ビジネスパーソンの成立・要件・使命

(1) 私たちの生活とビジネス活動

　私たちは，終日，何らかの形で会社や個人商店などから提供される商品やサービスの利便を受けながら日常生活を営んでいる。たとえば，私たちは，毎朝，起きてから歯を磨き，洗顔し，テレビや新聞をみながら食事をする。そして，洋服を着て，バスや電車あるいはマイカーで通勤・通学する。その場合に，私たちの使用する歯ブラシ，石けん，電器製品，食糧，衣服，クルマなどは，いずれも会社や個人商店で製造され，販売されたビジネス活動の結果である。この会社や個人商店などが一般に「企業」と呼ばれている。

　もしもそれらの企業のビジネス活動によって提供される商品やサービスが不足したり，不可能になれば，私たちの日常生活は直ちにパニック状態となり，生活そのものが成り立たなくなるであろう。それほど私たちの日常生活は企業のビジネス活動と密接不可分の関係にあり，多大な影響を及ぼしている。

　一方，私たちの大多数は，企業におけるビジネス活動に参加することによって，すなわち，労働力の提供によって，商品やサービスの生産・販売活動に寄与している。そして，その対価として賃金や給与などの経済的報酬を得，自分や家族の生活基盤を支える糧としている。それとともに，企業で働くビジネスパーソンは，自分の生き甲斐さえも企業のビジネス活動のなかで見い出そうとしている。すなわち，私たちは，企業のビジネス活動に参加することによって，企業の生産・販売活動に寄与する直接的な貢献者となると同時に，その経

図表1-1

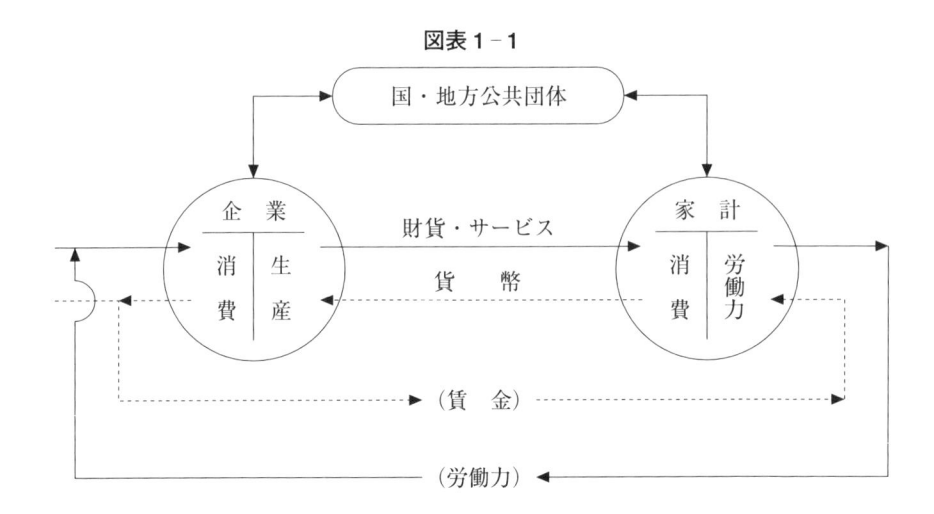

```
                    ┌──────────────────┐
          ┌────────→│  国・地方公共団体  │←────────┐
          │         └──────────────────┘          │
          │                                        │
        ╱───╲         財貨・サービス           ╱───╲
       ╱ 企 業╲ ────────────────────────→   ╱ 家 計╲
      │消 │ 生│           貨　幣             │消 │ 労│
      │費 │ 産│ ────────────────────────→   │費 │ 働力│
       ╲───╱                                 ╲───╱
          ←──────────（賃　金）──────────────
          ──────────（労 働 力）─────────────→
```

済的報酬としての賃金や給与を得ることによって，企業が生産・販売した商品やサービスを購入する顧客または消費者（企業のユーザー）となるという二面性をもっている。この関係を図示すると，図表1-1のようになる。

　このように，私たちの大多数は，企業で働くビジネスパーソンであると同時に生活者である。しかも，すでに日本の賃金水準は世界のトップ水準となり，日本人の大多数が「中流意識」をもっているといわれるほど，豊かな物的消費生活を享受している。これもひとえに，企業が常に創造的革新を通じて，生活者の生活向上や改善への寄与努力をするという支えがあってはじめて可能なことである。また，国や地方公共団体の行政も，企業から支払われる税金（法人税，法人事業税，法人市県民税など）や，従業員の給与などから天引きして納められる源泉所得税などによって，その大半の財政が賄われており，企業はきわめて重要な担税者となっている。

　さらに，今日，日本は「経済大国」と呼ばれているが，天然資源に恵まれないわが国が，資源やエネルギーを海外から輸入して，それによって1億2千余万人の日本人が豊かな物的生活を営んでいけるのも，国民一人ひとりの勤勉さはもちろんのこと，ビジネス社会の優秀さに負うところが多大である。つま

り，優れたマネジメント能力によって，今日の日本があるといっても過言ではない。

このように考えると，私たちは個人生活からみても，社会的見地からみても，一時たりとも企業のビジネス活動を無視しては成り立たないことがわかる。私たちの経済社会は企業を中核体として，その存続と発展によって支えられているのであり，現代社会はまさに「企業社会」であるといっても過言ではない。その意味から，今日では企業のあり方が社会のあり方を左右するといえるし，社会における企業の問題はますます重要になるとともにむずかしくなってきている。

では，企業とは，経営とは，ビジネスとはいったい何なのであろうか。"灯台もと暗し"で，余りにも身近な存在であるために，かえって"人間にとってビジネスとは何なのか"が忘れられているのではなかろうか。それはちょうど，私たちが普段，空気の有難さに気づかないようなものではなかろうか。だとすれば，企業のなかのビジネス実務に興味がないとか，縁がないなどといっておれないはずである。ビジネス実務は通常私たちが考えているよりは社会性をもち，社会的価値の高い研究対象なのである。

（2）ビジネスパーソンの成立基盤

現代は，マンモス・サラリーマン社会（ウーマン含む，以下同じ）である。現に，わが国就業人口約6412万人のうち，約83.7％の5369万人が被雇用者たるサラリーマンである（平成13年現在）。このようなマンモス・サラリーマン社会は，工業化・産業化（industrialization）の進展にともなって出現してきたものである。それは産業社会の進歩発展の姿であるともいえる。

その出現の背景としては，種々の要因が考えられるが，次の点がとくに指摘しうる。第1は，技術革新である。すなわち，技術の進歩発展とそれにともなう肉体労働の減少，頭脳労働の増加，技術者・管理者の増大である。第2は，経営規模の巨大化である。すなわち，技術革新を遂行するには巨大な設備投資

を必要とし，そのためには多額の資本を必要とする。それは当然に個人経営では限界があり，会社組織的経営に移行せざるをえない。ここに専門職（スペシャリスト）の発生，すなわち，ビジネスパーソンが必要となる。第3は，農業人口のサラリーマン化であり，第4は，近年の女性の職場進出などである。

　このように，ビジネスパーソンはマンモス・サラリーマン社会から生成してきたものであるが，具体的には個々の会社が立脚点となっている。すなわち，ビジネスパーソンの立脚点は個々の会社である。そのため，私たちはまずビジネスパーソンの成立基盤である「会社」について充分に理解しておく必要がある。ことにわが国のビジネスパーソンは，欧米のビジネスパーソンと異なり，"職につく（就職）"というよりも，"会社に入社する（就社）"という特質がある。そのため，すべての者が「ウチの会社」、という帰属意識を形成することにもなる。

　こうした帰属意識のもとでは，"自分に対する責任"などについてはあまり問題とはならず，"会社に対する責任"のみが問題となる。すなわち，わが国のビジネスパーソンは，外に対しては排他的であり，内に対しては部落（会社）の掟を何よりも重視するという村落共同体的精神風土がある。ウチで良しとされること，悪とされることが，すべての価値判断の基準となり，ウチのためにならないものなら，それがどんなに立派な業績をあげてもほめてもらえず，逆に妬みさえかうことになりかねないという精神風土がある。

　このためか，私たちはいつの間にか，その人の値打ちや信用までも，その所属する会社の大きさなどで測ってしまうという風習がある。世間に名も知られていない中小企業に入れば，肩身の狭い思いをしなければならないという変なことにもなる。これは価値意識の倒錯である。私たちは，××会社の社員である前に一個の人間であり，社会人であることを自覚しなければならない。1人の人間が社会から尊敬されるのは，彼（彼女）がどれだけ社会のためにつくしたかという点にある。

　そこで，いかなる場合においても，主体的・自主的に行動するように心掛け

る必要がある。すなわち，進んで広く学び，深く考え，前向きに行動することが大切となる。とくに，タテの人間関係（場の社会関係）の強い日本的精神風土のなかでは，ヨコの人間関係（資格中心の社会関係）の新しいモラルをつくり，異なった職業の人々との交わりを積み重ねていく努力こそが何よりも大切となる。

（3）ビジネスパーソンの要件

　ビジネスパーソンがビジネスパーソンとして生きていくためには，まずビジネスパーソンとは何か，ビジネスパーソンの存在価値とは何かなどについて自問してみる必要がある。この自己省察なくしては，真のビジネスパーソンとして生きていくことはできない。では，ビジネスパーソンとは何か。それは，「多忙を意とせず，自発的に判断し，経済的活動に取り組む人」のことだといえる。すなわち，ビジネスパーソンとは，多忙な仕事をする人のことであり，自発的判断を日常業務とする人のことであり，経済的行為にたずさわる人のことである。この点について，いま少し敷衍してみよう。

　まず第1に，ビジネスパーソンのビジネスパーソンたるゆえんは，読んで字のごとく「忙しい」ということである。すなわち，Business personとは，Busy（忙しい）＋person（人）のことである。しかし，ここでいう「忙しい」とは，すべてのことが他人から決められ，その決められたことを決められた範囲のなかで忠実に果たしていく，そのために忙しいという状態の人のことではない。また，ただ毎日の仕事に追われて，その仕事に追いつけなくてあくせく動いている（働いているのではない）ために忙しいという人のことでもない。

　ここでいう「忙しい」とは，身体を使うことで忙しいのではなく，常に情報や知識を身につけ，自分の情報ネットワークを確立して，正しい意思決定が行えるようにするために忙しい状態の人のことである。すなわち，自分で自分の仕事の本質的な仕事をつかみ出し，いつまでに，どのようにするかを決心して，その成否に自分の生命を賭ける，そのために忙しい状態にある人のことで

ある。

　第2に，ビジネスパーソンとは，自発的判断によって働く人のことである。ビジネスパーソンであるかどうかは，自分自身の生活態度，すなわち，仕事に対する取り組み方が決めることである。現場で作業中心の仕事をしている場合でも，進んで頭を使って仕事を改善したり，全般的な判断に結びつけようとしているかどうかの態度が重要となる。つまり，仕事に対して受動的であるか能動的（自ら積極的にのしかかっていく）であるかの違いである。

　いかに有能なビジネスパーソンであっても，はじめは現場の作業中心の仕事から段々と成長してきたものである。それらの人が有能であるのは，現場の作業中心時代の体験を，より優れて後の判断業務のなかに生かしえたからである。他人に指図されて動くのではなく，自ら問題をつかみ，目標を定め，積極的にその達成に向かって努力していく態度，すなわち，自発的判断で働く人こそ，ビジネスパーソンのビジネスパーソンたる要件である。

　第3に，ビジネスパーソンとはなんらかの経済的行為を継続的に行う人のことである。これは自明のことであるが，ビジネスパーソンをビジネスパーソンたらしめる大前提であり，重要なことである。というのは，ビジネスパーソン自身が自ら直面している経済的行為をどのように社会のなかで意味づけているかに関わる問題だからである。そこで，これらの問題について次に考えてみよう。

（4）ビジネスの社会的使命

　人間が生きていくためには，なんらかの経済生活が必要である。今日の経済社会は，原始的な狩猟・漁労を中心とした自給自足の経済社会ではなく，無数の分業からなる「組織・専門化の時代」である。すなわち，今日の経済社会は無数の「職業」から成り立っている。職業は分業から発生したものである。すなわち，職業のもとは分業である。分業が存在するもとは交換である。交換をするには自分になんらかの余剰物があり，他人にも余剰物がなければ成り立た

ない。そして，交換があると分業が成立し，分業が成立すると交換が成り立つ。なぜなら，分業とはA集団がa製品を，B集団がb製品をと，各々一定の専門とする物を造り，お互いに社会（市場）に供給し，これらの集団間の相互交換によって，全体の社会が運営されていく構造をもつものだからである。

この分業や交換が成り立つ土台として市場がある。市場，つまり，人間の共同生活を営む場面が広がれば広がるほど，分業が可能となり，新たな職業も発生してくる。たとえば，電子工学の発達によって電子計算機ができる。そうするとパンチャーが必要となり，そのパンチャーのなかでも，また特殊な分業（ビジネス）ができてくる。このように，職業は無限に分化していく傾向にある。これは社会的な要求であり，市場が拡大すればするほど分業が増加し，それに応じてビジネスの種類も増加していくことになる。

ところが一方，ビジネスの進展にともなって，自分の仕事が全体の社会や会社の製品とどのように関連し，意味合いをもっているのかがわからなくなってくる。また，人間と機械との関係，つまり人間が機械に使われるという，いわゆる「人間疎外の問題」が発生してくる。すなわち，現場で働く人々が，自分たちの造った製品が，どこで，どのように流通され，それがどのように使用されているのかという，自分たちの社会的使命がわからなくなってくる。ここに機械によって失われていく，あるいは経済的必然性によって分化していく社会に，いかにして人間性を回復し，人間社会を再構築していくかの現代的課題がある。

このように私たちは，職業を通じて社会に参加し貢献する。確かに，一個人の仕事が社会的に有益性を発揮するまでには，その人の仕事の性格や会社の性格によって幾重もの複雑な階段がある。そのため，自分が日々行っている仕事が社会のなかでどのような使命を果たしているのかわからない場合が多い。しかし，自分の仕事は他人（＝社会）のためにあり，また，自分の生活のために他人（＝社会）の多くの人々が働いていることを知らなければならない。私たちは水道の水1杯を飲むにしても，安心して飲めるのは，そこに働いている多

くの人々がいるからである。現代社会は，こうしたビジネスの相互関係システムから成り立っているのである。

　そのことから，自分の仕事上の技能にしても，自分一人で「うまいだろう」と自己満足してみても，それは他人が認めるものでなければ何の役にも立たない。この他人に認めてもらう場として「会社」がある。すなわち，会社という組織体は，本来，自分自体が社会のなかでの役割分担のため，自力で習得すべき技能を代行してくれる"場"なのである。ここに私たちが自分の仕事について，その社会的使命をつねに問い，その仕事によってもたらす役割を見届けようとする態度が肝要となる。

(5) ビジネスと人生

　私たちが，社会人として確たる役割を果たしているかどうかの尺度は，とりもなおさず，そのビジネス生活が充実しているかどうかにかかっているといえる。なぜなら，私たちは人生におけるもっとも活動的な時間の大部分をビジネスの場で働くことに投入しているからである。また，その人の社会的なつながりの活動の場は，ビジネスを通じて展開されるからである。

　人間が生きるということは，結局，時間のうえに生きることであり，その時間をどのように利用するかが，すなわち人生の問題である。そのなかで，ビジネスほど自分のもっとも大切な時間を費しているところはない。このビジネスでの時間に張り合いがなく，仕事が単なる生活の糧を得るための手段であるにすぎないならば，果たしてその人の人生は楽しく，幸福であり，充実しているといえるであろうか。それは決して望ましい人生の姿であるとはいえない。私たちが働くのは，単に労働力を売って，その対価として報酬を受け取るだけの関係ではない。ビジネスのなかで自己の生きがいを充足せんがために働いていることも自覚しなければならない。

　すなわち，私たちはビジネスのために働いているのではなく，自分のためにビジネスとして働いているのである。ビジネスは自分の生きがいを充足するた

めの手段として存在しているにすぎないともいえる。事実，ビジネスは人間の幸福のための手段として人間が創出したものである。また，人間の活力の源泉は，自分の生活のため，自分の能力向上のために働いているのだという自覚から起こってくるものである。

逆言すれば，自分の努力や自覚心がめばえてくるような会社でないと，その会社自体も発展しないことになる。今日の変転きわまりない社会のなかで，組織が生き残れるか否かは，結局そのなかで働いている人間が生きがいを感ずるか否かにかかっているといえる。ここで生きがいを感ずるとは，その組織において種々の意味から自分の人間性が伸ばせることをいう。また，組織の発展も各自の能力を最大限に活用することによって初めて保証されるのである。

これを錯覚して，組織のために働いているのだと考えることは，それ自体すでに組織への依存心があることの証左であるといえる。ことに日本の社会風土のなかでは，生涯をひとつのビジネスで暮らすことが慣習化していることから，そのビジネスで自分の生きがいを見い出すことができなければ，それこそ人生最大の不幸であるといえる。

(6) 職場と生きがい

以上のことから，私たちに求められるものは，個性を生かすこと，自分を大切にすること，自分のために働くこと，すなわち，自分を充分に生かすことである。そのことは，従前より日本の代表的経営者が喝破しているところである。少し古いが参考までにある座談会から引用してみよう。

　　野田一夫（当時，立教大学教授）；日本の場合，従業員の会社に対する一体感が非常に強いと思う。会社と運命を共にしようとする意識が強いですね。これは批判すべきものですか。
　　本田宗一郎（当時，本田技研工業社長）；それはよいことだと思う。ただ会社のために働くという，かつての愛国心的なものでならば排撃するな。大体自分のために働きに会社にくるはずですよ。要するに，自分がエンジョイするために会社にきているのであって，会社のためにいかにつくすかなどという人が何人いるか。

だから，会社のためにとかという社訓を設けて会社を引っぱっていっても引っぱれませんよ。
　石橋正二郎（当時，ブリヂストンタイヤ社長）；自分のやる仕事に楽しみをもち，生きがいを感じれば，誰でも精根を仕事に打ち込む。仕事の与え方が悪いと，その人はそういう情熱が湧かない。そこのところが大事なところですよ。
　本田宗一郎；私にいわせると，なにもひとのために働いているのじゃなくて，自分がうれしくてやってるんですから，自分のためなんだという解釈ですよ。

　つまり，ビジネスの場で働く人は，組織のなかの人間ででもあることから組織人であるとともに，個性的であることが求められている。この点に関し，よく「会社のなかで自分の個性を生かすことができるのだろうか」と疑問をいだく人がいる。すなわち，私たちは組織のなかの人間であるから，定められた制度のルールにのって，組織のなかの一部分となって画一化された生活を送らざるをえないのではないかと。

　しかし，個性や自由というものは自分自身で切り開いていくものである。個性を伸ばすの，つぶすのといっても，初めから決まった個性というものはないといえる。個性はある特定の環境のなかの努力によって，それに即応して生み出されてくるものである。そこで，個性をあまり固定的に考えずに，いろいろな条件に遭遇しながら開発していくことが大切となる。そして，個性を伸ばすためには，ビジネスのなかに山積する問題を次々と発見し，解決していくことである。

　これを単に組織への貢献と考えるのではなく，自分の能力を活かし伸ばすための確認できる客観的な技術の成長としてとらえ，自分の支えとすることである。すなわち，自己のもてる可能性をきわめつくし，能力を最大限に発揮することである。その提供の場がビジネスの場である。ともあれ，ビジネスに生きがいをもつことが社会生活上での役割を積極的に果たしているかどうかの証左となり，これこそが私たちの能力開発の出発点ともなるのである。

2. 人間の幸福とビジネス活動

(1) はじめに

　私たち人間の「生活」をよりよくするにはどうすればよいか。これがビジネスを考察する場合の一切の出発点となる。この要求を抜きにして，ビジネスの存立目的を問うことはできない。なぜなら，ビジネスはこの人間の切なる要求に応えるものとして生まれ発展してきたからである。すなわち，ビジネスは人間が"よりよく生きる"ために，人間によって創出された英知の産物であり，生活の知恵なのである。

　ところで，人間が"よりよく生きる"とは，よりよい生活をすることであり，自己の存在を維持することである。すなわち，人間が生きるということは，絶えず自己をつくり出すこと，絶えず自己更新，自己の再生産を行うことである。人間は食べるために働き，働くために食べるという循環関係を繰り返しながら生きている。しかし，人間は食べることが目的ではなく，働くことが目的でもない。それらを繰り返しながら，生きるということ，すなわち，自己の生命の維持・存続・成長をはかることが目的なのである。このことはビジネスについてもいえる。後述するように，ビジネスは利益の追求（食べること）が目的でもなく，商品生産を行うこと（働くこと）が目的でもない。それらを繰り返しながら，ビジネスそれ自体の維持・存続・発展をはかることを目的としている。

　このように，ビジネスは人間がよりよく生きるため，人間の生活の持続をはかるために存立している。すなわち，ビジネスは人間を相手として成り立っているのであり，決してビジネスのために人間が存在しているのではない。人間生活の発展過程からビジネスが形成され，それが昇華されて現代のビジネスに至っているのである。したがって，ビジネスは人間生活の持続的成長という目的に対する手段の役割を担っているにすぎない。ところが，いつしか主客転倒

して，手段が目的化され，その結果，ビジネスそれ自体が崇高な目的的価値をもやつかのごとく誤錯され，ビジネスの存立価値たる人間生活に貢献するという本源的価値が捨象されてしまっている。ここに現代のビジネスの存立価値の反省が問われることになる。

　また，ビジネスの存立価値が人間生活という目的に対する手段にあるとするならば，当然の理として，人間がよりよく生きるにはどうすればよいかが，ビジネスを考察する場合の前提となるはずである。このことは，「人間の幸福とは何か」という本源的価値を問うことにほかならない。しかし，人間ほど複雑怪奇，つかみどころのない動物もいない。事実，人間は矛盾だらけの動物であり，その欲求も千差万別，千変万化であり，とらえどころがない。このような人間が人間を知ることは永遠の課題であるといわざるをえない。しかし，もしこの人間に関する探求を断念したならば，私たちはビジネス活動も同時に断念しなければならなくなるであろう。ここに私たちがビジネスの原点である人間を知る努力をしなければならない必然性がある。勿論，筆者ごときこの分野の門外漢が人間を語る資格などさらさらないが，諸学説を交えながら，人間の幸福とビジネスとの関連について，いささか卑見を述べてみる。

(2) 人間の幸福とは何か

　人間はすべて幸福を求めて生きようとする。"もっとよい生活をしたい"という幸福への願いは，人間の普遍的願望であり，誰の胸をもよぎる思いである。では幸福とは何か。それはどのような状態をいうのであろうか。幸福とは"欲求の満足感"あるいは"欲求への充実感"であるといい換えることができる。人間は欲求が満たされたとき，満たされようとするとき，あるいは，少くとも満たされる可能性があるとき，幸福感にひたる。

　すなわち，人間が幸福を求めるのは，現在の自分を不幸あるいは不満だと思っているからである。そこに，よりよい生を求めて，いまの不足を満たしたいという欲求が生じる。これが人間の向上心を生み，自己発現の原動力ともな

る。この意味から，"幸福とは足るを知ることであり，不幸とは不足をみつけることである"ともいえる。しかし，人間はどんなに豊かになり，知恵が進んでも，憂いはあるものである。つまり，人生は欲望の連続である"といえる。

　このことは，私たち人間がなぜ行動するのかを考えてみればよくわかる。自分が朝起きるのはなぜなのかから始まって，夜寝るまでの行動を，一つひとつ「なぜなのか」と考えてみるがよい。そこには必ずなんらかの物質的・精神的報酬があることに気づくはずである。また，人間の行動というものは，自然のうちに快楽を求め，不安感を取り除くというように，なんらかの形で調和や安定に向かって行動していることもわかるはずである。

　このように，人間の生活は欲望を中心として営まれており，幸福感もこの欲望のうえに成り立っている。そして，個人が何を幸福と感じ，何を幸福とみなすかも，結局はどのような欲望の充足が自分にとって快であるか，大切であるか，意味をもつかという価値判断にかかっている。したがって，幸福感の背後にある"欲望の質が幸福の質をきわめる"ことになる。この点，エリック・フロムは，幸福の質は幸福感の背後にある行動の動機が，欠乏に基づくか，豊かさによっているかによってきまる（『人間における自由』東京創元社）と述べている。

　ここで欠乏に基づく欲求とは，広い意味での所有への欲求のことである。これには，空腹，渇き，睡眠，セックスなどの生理的欲求のほか，精神的欠乏も含まれている。このうち生理的欲求は，それが満たされると，それで終息するという本性がある。すなわち，人間は豪壮な邸宅に住み，高級車を乗り回し，うまいものを自由に食べられるようになると，それがもはや幸せではなくなり，毎日が退屈になってしまう。そして，新しい刺激を求めるようになる。つまり，人間は誰しも満ちたりた生活に憧れるが，いったんこうした生活を手に入れると，もはや退屈になってくるのが人間の本性である。

　これに対して，人間の内なる精神的欠乏は，本来人間としての生産性の欠如と，その結果である不安・無気力・空虚感などから生ずるものである。ここで

生産性とは「自己の力を用い，自分にそなわった可能性を実現するという人間の能力」（フロム）のことである。そして，この生産性の欠如とその結果を和らげるために，人間は地位や名誉を求め，他人を支配し，優越しようとする。すなわち，自己の卓越さを他人に認めさせることによって，精神的安定を得ようとする。しかし，このような欲求は生産性の充足なしには，いくら一時的に満足しても決して終息するものではない。人間は緊張し，一生懸命になり，自分の可能性を精一杯実現していく生活のなかにこそ，真の幸福感，生きがい感を感ずるのである。つまり，自己実現を求め続けていく過程こそ，人間にとって本当の生きがいなのである。

（3）所得の欲求と存在の幸福

　このように，人間は自己の内部に欠乏があり，この欠乏が埋められ，欲望が満たされたとき，幸福と感ずる。このような幸福感は，基本的には自己の内部の欠乏による不安感を，外部にある対象を所有することによって取りのぞき，幸福が得られるとするものにほかならない。だが，精神的欠乏は所有の充足によって本当に満たされるのであろうか。否である。むしろ，自分の欲望が充足され，欠乏が埋められたときこそ自己の不安・虚無があらわになり，自己の存在が無であることに気づくようになる。

　所有の欲求は，人格の内的・精神的なもの（自我）を地位や名誉などといった人格の周辺的欲望にすりかえて充足しようとするものにほかならない。すなわち，人間の欲望の対象を所有すればするほど，自己の存在そのものと対面しなければならなくなり，自己のむなしさ，不安をあらわにする。したがって，人間が自己の生に忠実に生きようとすればするほど，所有への欲求は究極的には本質的なものを満たしえなくなる。これを錯覚して，自分は対象の所有を完全に満たしていないから不幸であり，より多く所有すれば幸福になれるのだと幻想しているにすぎない。

　ことに，現代のように人間の生産性を疎外するような社会にあっては，人々

の所有への幸福に対する欲望はますます助長される。豊かな社会では，コマーシャリズムにのせ，人々の欲望を必要以上に刺激し，欠乏感をあおりたて，より多く対象を所有することによって幸福が得られるかのような錯覚を生む。そして，ひとたびこの欲望に身をまかすと，欲望は際限なく拡大し，欠乏感を深める。人々はこの欠乏を埋めるためにますます活動的となり，地位，名誉，物財，旅行，遊び，ギャンブル，セックスなどの快楽を求め，これらに陶酔することによって，不安，無気力を忘れ幸福を感じようとする。

　これは，自己の現実の不満・不幸の根本的理由である内なる生産性の欠乏，それから生ずる生活の空虚さ，内なる欠陥の意識を無意識の世界へおしこみ，自分は幸福であると信じているにすぎない。また，所有への幸福は，自分の幸・不幸が自己の外からもたらされるものとの考え方を根底としている。このため，状況のなかで事物や他人に心を奪われ，自分の幸福は外部から満たされるものとの外部依存的思考法となる。これは真の幸福の姿であるとはいえない。

　このように，対象の所有による幸福に限界があるとすれば，一体私たちは何をもって幸福といえるのであろうか。それは「存在の充実による幸福」によってであるといえる。すなわち，人間の幸福とは心の状態（感情）以上のものであり，人間の全人格の状態を現すものである。活動の増加，理性の鋭さ，感情や思考の激しさなど，「人間の内なる生産性によってもたらされるもの」（フロム）である。つまり，存在の充実による幸福とは，人間の内なる生産性に基づき，個人がその内部に秘めている人間としての可能性を主体的に投企し，その実現を実践していく過程において感じられる生存の充実のことである。所有の幸福が人間の内部の欠乏を動機としているのに対し，生産性によって得られる幸福は人間の豊かさから生まれてくるものである。

　すなわち，生存の充実とは，自己の生の内容が豊かに充実しているとの感じのことである。人間として，より豊かにいきいきと生活し，生命を前進させるような体験のことである。この体験の具体的な現れが，喜び，希望などの感情

である。心の底からわきあがってくるような喜び，そのような体験が生存の充実の感じである。

　この場合に，希望とは未来における喜びのことである。夢があり，希望があるということは，人間として本当に生きていることを実感させ，生存の充実を感じさせる。人間に夢も希望もなければ，現在いかに喜び，満足があろうとも，それは無意味であり，むなしさを感じさせるだけのことである。したがって，人間は絶えず未来に目標を定め，それに向かって挑戦していかなければならない。その目標に向かって自分が挑戦していると感じるとき，人間の生存は充実し，真の幸福がもたらされるのである。自己啓発の重要性はこの点にある。

　以上，人間の幸福を所有による幸福と存在の幸福との2つに大別して概念を述べた。これを別言すると，所有の幸福とは，均衡の回復にともなう静的な幸福，すなわち，ある行為の後にある到達されるべき状態としての満足感，欲求の満足としての幸福のことである。これに対し，存在の充実の幸福とは，不均衡それ自体に由来する動的な幸福，すなわち，ひとつの行為のなかにある充実感，活動それ自体にともなう充実としての幸福のことである。

　ともあれ，人間は満ち足りた状態が永続きすると，それはやがて退屈なものとなり，新たな幸福を求めて再出発せざるをえなくなる。そこで，私たちは自己の価値の可能性に向けて自己を投企し，より大きな価値ある目標に身を投じ我を忘れてこれに打ち込み，自己の内部にある能力を最大限に発揮すること，そして，この行為のプロセスそれ自身のうちに内在する充実感を味わうこと，それこそが真の幸福であり，自己啓発の姿でもある。このような自己啓発の"場"を提供するのがビジネスの役割のひとつでもある。

（4）欲求充足の場としてのビジネス

　以上，人間の幸福とは何かということについて概要を述べた。次に，人間の幸福とビジネスとの関連について考えてみたい。ここでは人間の幸福を物的

（金銭的）欲求と心的（精神的）欲求に分けて考えてみよう。

　まず物的欲求であるが，これは物の消費を意味する。人間誰しも物的消費をまったくしないで生活をすることはできない。もちろん，国により，時代によって，消費する種類・量・内容は異なるが，人間に物的消費が必要なことは，どんな時代の，どこの国の，どんな人々にも共通の事実である。この物的消費の欲求は，生きんがための最低生活に必要な衣食住からはじまって，より高度化していくことも，これまた人類共通の願望である。それが経済発展の原動力ともなる。このように，人間が高度な生活を願う欲求があるかぎり，物的消費欲求は無限であるといえる。

　また，物的欲求を充足するためには，通常，貨幣を必要とする。人間は物財を購入する場合に，その仲立ち役としての貨幣が欲しいという欲求にかりたてられる。しかし，貨幣が欲しいという欲求は，その貨幣によって，いつでも，何でも，誰でもが物財を購入することができるからである。決して貨幣そのものが欲しいからではない。貨幣はあくまで物的欲求を充足するための手段であるにすぎない。欲しいのは貨幣そのものではなく，物そのものなのである。

　ところで，このような物的欲求を充足するためには，一方において物の生産を必要とする。物的消費は物的生産が行われて初めて可能であり，生産は消費の存在を予定して行われる。生産のための生産ということはありえない。これは，私たち人間が食うために働き，働くために食うという，生産と消費の循環関係を繰り返しながら自己の存在を持続させていくことからして当然のことであるといえる。すなわち，物的生産は人間の生命を持続するために必要な条件であって，人間は物的生産のために生きているのではないということである。

　歴史の曙においては，物的生産は人間が直接自然に対して働きかけることによって生産物の獲得を行っていた。しかし，文明の発展にともなって，道具や機械などの生産手段を用いて物的生産が行われるようになってきた。それにともない，物的生産も自己消費のためではなく，他人のため，すなわち，販売（交換）を目的として行われるようになってきた。このような物的生産の遂行

の担い手こそが，まさにビジネスの誕生であり，その生成発展の過程でもある。ともあれ，ビジネスの前提には，まずこのような人間の物的欲求があり，この欲求を充足しようとするところにビジネスが成立するのであるから，今日ではビジネスの存在なくしてはもはや物的生産は不可能であるといえる。

　ところで，人間の欲求には，生理的生存の必要に根ざす欲求から，心理的欲求にすぎない流行性の欲求に至るまで種々雑多ある。かつては物的生産の増加といえば，飢えた人にはもっと食物を，寒い人にはもっと衣服を，家のない人にはもっと家屋を与えることを意味していた。また，乏しい社会においては，物的生産力の増大は生活必需品の増加を意味し，物的生産の増大が経済の目標ででもあった。

　ところが，今日の先進社会における生産の拡大は，一層多くの優美な自動車，異国趣味豊かな食事，エロティックな衣類，手のこんだ娯楽など，あらゆる感覚的欲望を満足させるものになってきている。企業もそのような多様な欲望を満足させるために物的生産を遂行してきた。ここに豊かな社会における物的生産の拡大が，経済的には重要だとしても，人生的にはどれほどの価値があるのかという疑義が生じてくる。これが豊かな社会における新しい経済社会の課題であり，今日の企業の課題であるともいえる。

　先述したように，人間は物的欲求の度合いが強いときには，物的欲求の満足感が幸福の尺度を示すかのように感ずる。しかし，その度合いが向上するとともに，心的（精神的）欲求の満足感が重んぜられるようになってくる。この心的欲求には，他人に負けたくないという自負心，なんらかの役に立ちたいという貢献心，他人に認められたいという名誉欲，その他種々の形状がある。そのなかでももっとも昇華された姿は貢献ないし寄与意識であるといわれている。

　すなわち，人間は本能的に向上する意欲をもち，集団への貢献に喜びと誇りを感ずる。それとともに自己の存在をも主張する。つまり，人間は自らの参加社会に対してなんらかの貢献を果たし，果たそうとする意欲によって満足感をもち，幸福をもたらす。この貢献意欲は家庭や職場など自分の身近な社会に対

するほど痛切であり多大となる。しかし，もっとも昇華された貢献意欲に基づく幸福感は社会一般に対してである。

　このように，人間は本来的に貢献心・自負心をもっている。このような人間の心的欲求に応える"場"を提供するのがビジネスの役割ででもある。そして，ビジネスがこれらの欲求を従業員に充足してやることを「動機づけ」という。人事管理や目標管理のねらいは，集団への貢献心と個人の満足感とをいかに結合するかにある。また，人間が集団のなかで認められたいという欲求に対して，どれだけ貢献したかなどの業績評価を客観的（計数的）に示すのが経理の役割のひとつでもある。すなわち，経理は，人間の欲求，組織の要請に応えるものとして発展してきた。

　以上に述べたように，ビジネスは人間の物的欲求の充足を果たすことにより，人間に満足感を与える役割を担うと同時に，ビジネスが人間社会の幸福のための使徒であるという自覚をもつことによって心的満足感を与え，貢献意識を昂める結果となり，これがひいては心的幸福へとつながるのである。すなわち，ビジネスに参加する人々は，人間社会の幸福への貢献意識をもつことによって社会から認められ，自らもそれを自負することによって幸福をかち得るのであるから，ビジネスは物的にも心的にも人間の欲求充足を提供する場となる。

　ともあれ，現代の経営体は，広く人間の物的・心的幸福の増進を究極の目的とし，それに志向された活動体であることだけは間違いない。もっとも，この志向する対象は組織内であり，組織の直接的利害関係者であるが，それらは直接か間接かの関連性の問題にすぎず，ビジネス観としては，それらを社会一般と抽象化してもなんら異なるところはない。

3. 人間はなぜ働くのか

(1) マズロー欲求の5段階

　人間の幸福とは，努力あるいは仕事を通じて自己の可能性を実現していくことであるといえる。この詳細については後述するが，ここでは，その基底をなす人間はなぜ働くのか，企業は果たして自己実現の場となりうるのかといった問題について考察してみたい。このためには，すでにビジネスマンに馴染みの深いアメリカの著名な心理学者アブラハム・マズロー教授の「欲求の5段階説」が参考になると思われるので，それをまず説明してみよう。

　マズローは，人間の欲求を，
　　① 生理的欲求
　　② 安全への欲求
　　③ 所属と愛情への欲求
　　④ 承認の欲求
　　⑤ 自己実現の欲求

の5段階にわけて説明している。そして，第1の生理的欲求が完全に満たされ

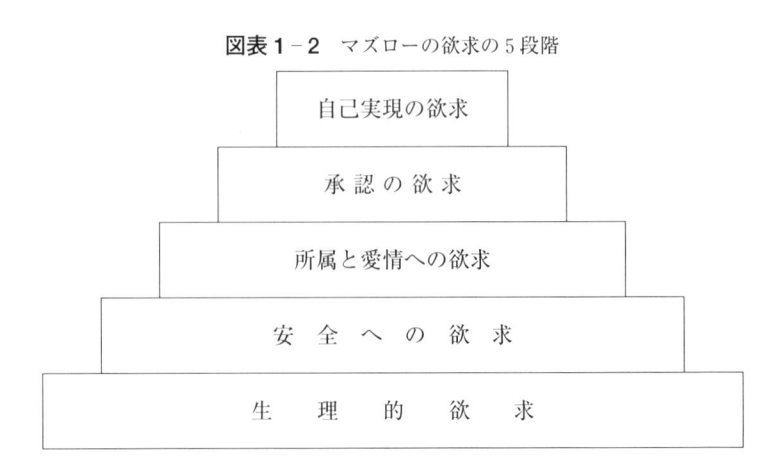

図表1-2 マズローの欲求の5段階

| 自己実現の欲求 |
| 承認の欲求 |
| 所属と愛情への欲求 |
| 安全への欲求 |
| 生理的欲求 |

なくても，ある程度（たとえば85％程度）満たされると，人間の欲求構造の主座は第2の安全欲求へと変化していく。さらに，安全欲求が70％程度満たされると，第3の所属と愛情への欲求へ，これがまた50％程度充足されると，第4の承認の欲求が主座を占め，さらにまた，この欲求が40％程度充足されると，第5の自己実現の欲求へといたる。この欲求充足の割合（％）は仮定的なものであるが，このように人間の欲求は低次のものから高次のものへと階層を形成していくというわけである。以下，これらの各階層の内容について説明してみよう。

(2) 生理的欲求

人間の欲求のもっとも基礎的なもの，つまり，人はなぜ働くのかという問いに対するもっとも基礎的な答えが，この生理的欲求である。すなわち，人間はまず生きていくため，自己の生命を維持していくため，つまり，生きていくための衣食住という生理的欲求を満たすために働く。

もしある人が食物も充分に得られず，生命の危険を脅かされ，愛情も失い，自尊心も傷つけられているとした場合，その人にとって飢えがもっとも強い力として行動を左右する。その場合，その人のもつ感覚器官，習慣，知能などの全能力は，食欲の満足のためにフルに使われ，そのために他の欲求は一時的に背後に押し込まれ，あたかも存在しないかのようになってしまう。つまり，飢えという生理的欲求が満たされない限り，何はともあれ，人間は食うために働くことが第一次的となり，他の欲求は第2次的となる。

このような人間の生理的欲求は，今日では会社から支給される給与という金銭によってまかなわれる。したがって，ここにいう生理的欲求とは金銭的欲求ないし経済的欲求を意味している。就職も1960年代までは，この食うために働くという生理的欲求と深く関連していた。職を失うことは，路頭に迷うということでもあった。その不安は飢えへの不安である。

このような人間にとっては，経済的報酬，つまり賃金収入をふやすことが，

働く唯一最大の動機となることはいうまでもない。食うために働くという生理的欲求が人間の欲求構造の主座を占めている状況だからである。しかし，食うために働くという生理的欲求が一応満たされると，人間は他のより高次の欲求を求めるようになる。それが安全への欲求である。

(3) 安全への欲求

　人間は第1階層の生理的欲求がある程度満たされると，生理的欲求それ自体が働くための強い動機とはならなくなり，第2の安全への欲求が働くための主座を占めるようになる。この欲求は，基本的には身体的危険に対する恐怖や基礎的な生理的欲求の欠如からまぬがれようとするものであり，いわば自己保存に対する欲求である。たとえば，いつ首を切られるかわからないような会社では働きたくないとか，事故，戦争，病気，社会的混乱など，身体的・精神的に加えられる危険から逃れ，安全を保とうとする欲求も，すべてこの階層である。

　また，人間は現在への関心に加えて未来への関心がある。果たしてわれわれは明日も明後日も食物や住居に事欠かないように自分の財産や仕事を維持し続けることができるであろうか。このような安全や安定が危険にさらされるとなると，他の欲求は一時的に背後に押し込まれてしまい，あまり重要でなくなる。さらに，安全への欲求は，意識されていることもあれば，意識されていないこともある。意識されている場合には，生命の危険からのがれるために，何らかの保障をしようとする。

　たとえば，賃金体系もなく，就業規則もない会社では安心して働けない。このため，一般に大企業のほうが中小企業より経済的収入が安定し，地位や信用の安定が高いことから，多少大企業より高い賃金の中小企業があったとしても大企業のほうを選ぶようになる。また，企業では，健康保険，災害保険，生命保険，退職金制度などの福利厚生制度やキメ細かな諸規則を準備することによって，従業員の安全への欲求に応えようとする。しかし，この安全策をあまり

強調しすぎると，従業員は従順になるかもしれないが，生産的になるとは限らないし，また保守的な人間をつくることにもなりかねない。事実，指導性や創造性が必要な職務においては，安全への欲求の強調がかえって望ましい行動の妨げとなることがある。

　意識されない安全への強い志向は，通常，幼児期からの家庭環境（両親への同一視）によって植えつけられるといわれている。過保護な両親は子供を甘やかし，いやな目に合わせないようにしようとする。これが生活に対する楽観的考え方を生み，欲求不満や不安に対処する力をつける機会を失わせる。このような安全志向的人間は，社会に出てからも人生の苦難に立ち向かうだけの準備ができていないため，ほんの少しのことでくじけてしまう。この点，若い頃苦難から立ちあがる方法を学んでおけば，年老いてからもっと悪い運命に遭遇しても，これに対処できるようになる

　今日では，パンのみを得る仕事であれば容易に見い出せる時代となった。物乞いの姿は街頭から消え，現代の若い人は飢えの脅威のもとで生きのびてきた先輩や親の苦労は知らない。会社をやめたり，失業することが飢えへの不安とならなくなった今日では，"働かざる者，食うべからず"という命題は，もはやいちじるしく迫力を失ってきた。このことは，企業経営を考える場合にも大変重要なことである。

　伝統的管理社会では，生理的欲求ないし安全への欲求を主座とした大衆の欲求水準を前提としていた。企業の管理システムも近代官僚制をとっている。タテマエは合理性に基づいているようだが，内実はピラミッド型の上下の階層序列で構成され，合法性，没主観である。恐怖と強制力による指揮統率を一方に，片方ではその統制にしたがったものに一定の給与体系から経済的報酬が与えられてきた。

　人間を労働にかりたててこられたのは，大衆の欲求水準それ自体が権力そのものを受け入れざるをえない「生理的欲求」ないし「安全への欲求」の水準に立っていたためである。もしこの伝統的管理システムから就業規則や職場内規

などの法規綴りと給与体系を取り去ってしまったら，組織のなかの人間管理の手段として一体何が残るであろうか。今日の高度産業社会がもたらした物質的繁栄が，この伝統的管理社会を維持してきた大衆の欲求水準そのものを変化させつつあるという事実を認識する必要がある。

(4) 所属と愛情への欲求

　人間の生理的欲求が満たされ，次いで安全への欲求がある程度充足されると，人間は次の段階として「所属と愛情への欲求」が欲求構造のなかで主座を示めるようになる。人間は社会的動物であるから，孤立した存在になりたくない，さまざまな集団に所属したいという欲求，さまざまな集団に受け入れられたいという欲求がある。すなわち，いままでなかった友を求め，恋人を求め，妻や子供がいないことを寂しがるようになる。他人との親しいつき合い，人々との良好な人間関係，集団に所属することを求めるようになる。これが所属と愛情への欲求である。別名これを「社会的欲求」ともいっている。

　日本人の場合，農村共同体からの義理人情の観念が伝統的に強いため，ことにこの欲求が職場における勤務に対しても強い動機となっている。会社のほうも，この欲求を満たすために，社内報を発行したり，家族ぐるみのレクリエーション大会を行ったりして，良好な人間関係づくりにいろいろな対策をとっている。このほか，旅先で感じるホームシック，オートメーション化された流れ作業に従事することからくる疎外感なども，この欲求の現われであるといわれている。

　この欲求は単なる友情を求めるというよりも，むしろ自己の信念を確かめたいとの願いからである。人間は同じ信念をもっている人が互いに相手を求める傾向がある。とくに自己の強い信念が砕かれたときはそうである。また，人間は自分が不幸だと，他の同じ不幸な人を愛するようになる。このような親和欲求が組織のなかの非公式集団を形成する要因となる。

　組織のなかの非公式集団は，生産性を低下させることもあれば，逆にこれを

うまく活用すると生産性を向上させることもできる。自分が自分の職場環境に対して影響を与えられない場合には，無意味感や無力感が生じ，その反応として非公式集団を形成する。これは環境が満たしてくれない親和や達成の欲求を非公式集団を通じて満たそうとするためである。

　職場集団の生産性は，集団成員が自分たちの目標を組織目標との関連でどう考えているかにかかっている。自分たちの目標が組織目標と矛盾していると思える場合には生産性は低下するであろうし，その目標が組織目標と一致している場合，あるいは目標を達成すれば，その結果として自分たちも満足が得られる場合には，生産性は高まるであろうからである。ここに「目標による管理」の重要性がある。

　ともあれ，今日の若い人たちは，もはや経済的報酬のみでは満足しなくなっている。したがって，権力の行使を報酬によって合理化することも困難になってきている。今日の若者の欲求の主座は，少なくとも第3の所属と愛情への欲求，あるいは第4の承認欲求の水準のものになりはじめている。

(5) 承認 (自尊) の欲求

　人間は所属への欲求が満たされはじめると，単に集団の一員であることに満足できなくなってくる。そこで，人々は尊敬を求める欲求を感ずるようになる。人間は大抵，自尊心，自我意識（エゴ），他人から承認と尊敬をされたいという欲求をもっている。

　この自尊欲求には次の2つがある。ひとつは，自分自身に志向した自尊欲求である。これには支配への欲求，独立と自由への欲求などがある。また，仕事に自信をもちたい，仕事をもっとうまくやれるようにしたいという動機で，その人が仕事に精を出す場合，それは自尊欲求にしたがっているということができる。いまひとつは，他人に志向した自尊欲求である。これには，他人に認められたい，尊敬され評価されるような人間になりたいという，名声，威信，地位，注目，尊重されることへの欲求などがある。

このような尊敬を求める欲求が満足されると，人間は自分がこの世の中で有用な人物であり，価値があり，必要とされているという自信，威信，権力，支配などの感情がわき，周囲に対して影響力をもっていると感じるようになる。だが反対に，充足が阻止されてしまうと，自信を失い，劣等感・無力感をいだき，場合によっては神経症的傾向へと進んでいくことにもなる。

　また，他人の注意をひきたいという願望を満たすために，分裂的な行動や未熟な行動に走ることがある。労働者が生産制限をしたり，仲間や上司と口論したりするのはその例である。このように承認は必ずしも成熟した行動や適応した行動によって得られるとは限らず，分裂的・無責任な活動をも含んでいる場合がある。事実，今日われわれが直面している社会問題のいくつかは，尊敬されたいという欲求の不満にその根源を求めることができる。

　近年，職場で毎週1時間程度，従業員と上司が上下の区別なく，集団的な仕事の話し合いをしている会社をみかける。これは，それによって従業員の自主性（自尊欲求）をかなりの程度充足し，生産性の向上に役だたしめるためであると思われる。この話し合いによって充足される欲求は，物質的なものより，より社会的・精神的な欲求であり，その意味でより人間的な欲求であるといえる。しかも，今日の若い人たちは，これらの欲求が充足されないと我慢ならないのである。

　いまや食うために人間疎外状況に耐える時代は過ぎ去ったといえる。物質的繁栄の陰にしのびよる精神的飢餓感こそが若い人たちにとって問題なのである。いや若い人たちだけでなく，一般大衆にも広がっている。若い人たちはそれに対して，より敏感に，無遠慮に反応しているにすぎない。このように考えると，伝統的管理体制のあり方は，いまやその根底からゆさぶられているといわざるをえない。

（6）自己実現の欲求

　人間は尊敬されたいという欲求が適当な方法で充足されはじめると，自己実

現の欲求が顕在化しはじめる。自己実現とは自分の潜在能力を極大化しようとする欲求のことである。マズローは「人間は精一杯の自分でなければならない」といっている。すなわち，自己実現とは仕事のなかで自分をためし，自分を生かしたい，人間が一人の人間としてもっている能力を伸ばし，能力を発現したい，なにかを成し遂げたい，なにかを創造したい，会社のために何か役に立つ仕事をしたいなど，自分がそうありえるようにありたいという願いである。

　日本でも諸外国でも，会社の社長ほどよく働く人種はないといわれる。現にどこの会社でも一番よく働いているのは社長である。しかも，社長ほど幸せそうな人種はほかにない。それでは，社長をこのように仕事にかりたて，しかも幸せそうにさせている動機はいったい何であろうか。それは地位への欲求を満たすために働いているのでもなく，自分の収入をふやすために働いているのでもない。事業をなんとか成功させたい，なにかを改革したい，あるいは会社をつぶしたくないという一念から，夜を日についで社長は働いているのである。

　このように，人間はこの欲求をさまざまな方法で充足しようとする。ある人は組織を動かすことによって，ある人はスポーツによって，それを表わすかもしれない。したがって，この欲求は全く個人的なものであり，人によってそれぞれ異なっている。近年，どこの会社でも，自己申告制度や目標管理制度などを盛んに導入しているが，これらの制度は従業員が自己実現の欲求を満足させたいと望んでいるとの前提から生まれてきたものであるといえる。

　ともあれ，今後の企業の管理体制は大きく変転するであろう。まず職業そのものの考え方に質的変容が現われてくる。すなわち，職業を生活と結びつけるのではなく，人生と結びつける傾向が現われてくる。近年の転職動機をみても，生活のためというよりは，責任ある仕事をしたいとか，自主性のある仕事をしたいとかといった，人生を豊かに生きたいという理由が大半をしめている。このことは，とりもなおさず会社で働くことが目的ではなく，自分のために会社を手段とする，何かをやりたいために集中するといった，自己実現欲求

の現われであるといえる。

　この自己実現の欲求が階層の主座をしめるようになると，企業の原理そのものの再検討がなされなければならなくなってくる。それは，企業の原理＝人生の原理という形で図式化されるであろう。すなわち，職業それ自身を人生とみなし，企業とは人生を試す場にすぎなくなる。会社は人生のための手段であり，道場であり，学校であると。また，人間開発論にしても，人事管理的人間開発論といった技術論ではなく，精神論的人間開発といった傾向へと移行していくように思われる。

　このことは，企業内のみならず，一般大衆社会についても同じことがいえる。われわれは「生きる」という段階を，生存（食べる），生活（暮らし），人生（存在）の3階層にわけて考えることができる。ここで生存の階層とは生物体として生き残りたいという階層の人々のことである。現在の世界人口63億7600万人（2003年4月3日現在）のうち，約半数がまだこの階層の人々である。戦後の日本でいえば，昭和20年代がこの階層にあたる。しかし，日本人は現在，第2階層の生活として生きる段階にあり，そして，まもなく人生として生きる第3階層へと移行しようとしている。

　これは，わが国の現在の上層中産階層の欲求が，生活（Living）中心から人生（Life）中心へと移行しつつある現象に現われている。つまり，この階層の人々は「存在」としての欲求を求めている。そして，この欲求行為はやがて一般大衆化していくであろう。その時，われわれ日本人1億2000万人は総哲学者・思想家・宗教家となるのではなかろうか。この時代こそが「自己実現の時代」と呼ぶことができる。

第2章
会社の意義と形態

1. 企業とは何か

(1) 経済主体としての企業

　私たち人間の現実の生活は、政治、経済、文化、宗教など、きわめて多種多様な要因からなり、いろいろな欲望が動機となって営まれている。この人間の欲望を満足させるためには、いろいろなモノ（財貨）やサービス（用役）を必要とする。確かに、「人はパンのみにて生きるものにあらず」（新約聖書、ルカによる福音書、第4章）といわれるように、私たち人生の本来の目的は、真・善・美などの価値の世界にあるといえよう。しかし、それらの高次の目的を追求していくためには、少なくとも最低限の衣・食・住の確保が必要であり、さらに種々さまざまな文化的生活手段の利用も必要となる。

　このような人間生活に必要な物財を確保するには、私たちは直接・間接に自然に働きかけて物的生産を行わなければならない。しかし、自然に対する働きかけは、私たち個々人でするよりは、個々人が集団をつくって、すなわち、組織をつくって協働で働きかけることのほうが効率的であることが人間の英知として知ることとなる。このように、私たち人間の生きている経済社会は、組織

図表 2-1
経 済 活 動

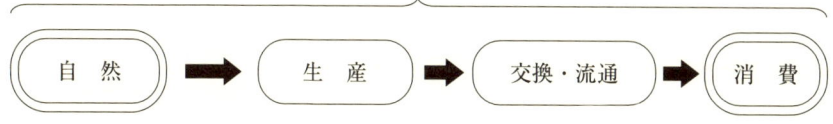

自 然　➡　生 産　➡　交換・流通　➡　消 費

的に自然に働きかけて，人間生活に必要な物財を生産したり，それらを交換・流通（販売）して消費するという経済活動を営んでいる。

　一般的に，経済活動は財貨・サービスの［生産→流通→消費］の流れであるといえるが，なかでも生産と消費は経済活動の基本をなすものである。その場合に，誰が生産し，消費するかという経済行為の主体，すなわち，経済活動を営む（もしくは関与する）主体のことを「経済単位」あるいは「経済主体」とよんでいる。いま経済活動を生産活動（営利活動）と消費活動（非営利活動）に大別すると，経済主体もまた生産経済体（営利経済体）と消費経済体（非営利経済体）とに区別することができる。

　この場合に，個人や家庭は消費経済体に属し，企業は生産経済体に属することになる。国や地方自治体（法律用語では地方公共団体）は主として消費経済体であるが，生産経済体の領域の一部も担っている。今日のわが国では，経済主体として，① 個人または家庭（その経済を家政あるいは家計という），② 企業，③ 国・地方自治体などの行政（その経済を財政という）の3つがあり，その他に，これらのいずれにも属さないサービス組織体（service institution），非企業組織体（non business organization），非営利組織体（non profit organization）などの組織体が近年，重要性を増しつつある。

　これら各経済主体は，一定の秩序を保ちながら相互に関連しつつ，全体としての経済社会を形成している。この全体経済を構成している経済主体のことを「個別経済」とよび，それは大別して2つに分かれる。ひとつは，個人または個人の私的集団であり，いまひとつは，国家や地方自治体である。前者によって営まれる経済活動を「私経済」といい，後者のそれを「公経済」とよぶ。私経済も公経済もともに生産活動と消費活動を営んでいるが，このうち生産活動を営む経済活動を総称して一般に「企業」とよんでいる。したがって，企業には私経済に属する私企業と，公経済に属する公企業の2つがある。

図表 2-2

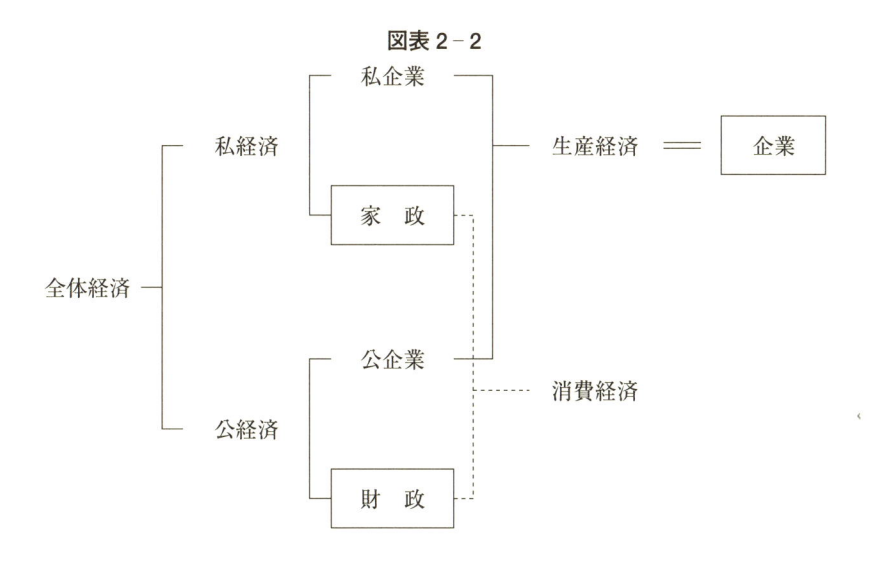

```
                    ┌── 私企業 ──┐
         ┌─ 私経済 ─┤            ├── 生産経済 ══ 企業
         │          └─ 家 政 ─┐ │
全体経済 ─┤                      │
         │          ┌─ 公企業 ─┼── 消費経済
         └─ 公経済 ─┤            │
                    └─ 財 政 ──┘
```

(2) 生産経済体としての企業

　私経済で生産経済を営む主体は，現実には商店，会社，工場などであるが，これを「私企業」という。私企業は個人または個人の私的集団によって営まれる生産経済単位のことであり，営利を目的とする経済主体のことである。これには，出資者が1人であるか2人以上であるかによって，「個人企業」と「共同企業」(集団企業) とに分かれる。

　また，私経済で消費を営む主体を「家政」または「家計」とよんでいる。家政は消費を行う経済主体であり，家庭の成員の欲求充足を目的としている。すなわち，家政は消費を目的として，個人の独立した主体によって営まれる私的

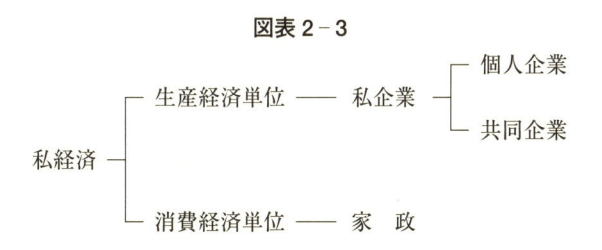

図表 2-3

```
         ┌─ 生産経済単位 ── 私企業 ─┬─ 個人企業
私経済 ──┤                            └─ 共同企業
         └─ 消費経済単位 ── 家 政
```

消費経済主体のことである。

　公経済で生産経済を営む主体を「公企業」とよんでいる。公企業は公共的見地から国や地方公共団体の出資によって設立された経済主体で，私的独占の弊害の恐れのあるものや，財政収入を目的として設立されたりする。これには官公庁企業と法人公企業とがある。また，公経済で消費経済を主として営む主体を「財政」または「行政」とよんでいる。国や地方行政機関は，そのほとんどが行政活動を行うための公的消費経済主体として存立している。つまり，財政（または行政）は，国や地方公共団体が経済政策や教育政策などを遂行するため，あるいは治安や国防などを維持するために設立された公的消費経済主体である。この公的消費経済の活動を遂行するため，国や地方自治体は必要な貨幣を租税として，主として企業や家政から徴収する。

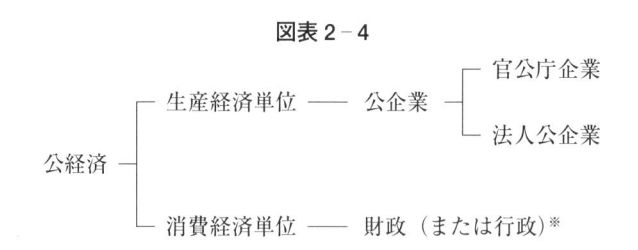

図表 2-4

```
                ┌─ 生産経済単位 ── 公企業 ┌─ 官公庁企業
公経済 ─┤                          └─ 法人公企業
                └─ 消費経済単位 ── 財政（または行政）※
```

※ここで公的消費経済主体である財政のことを「行政」とよぶことがある。これは，財政が広義には公的消費経済主体である行政機関ばかりでなく，公的生産経済主体である公企業をも含み，公経済と同義に用いられるため，政府や地方公共団体による消費経済主体のことを行政といい，財政と区別するのが妥当とする説である。

　以上述べたように，「企業」というコトバは，行政（または財政）や家政というコトバと対比的に用いられている。すなわち，行政や家政が消費経済主体であるのに対して，生産経済主体として企業をみるのである。また，行政や家政が収入と支出のバランス（適合）を計ること，すなわち，「入るを計って出

ずるを制する」ことを狙いとしているのに対して，生産経済主体としての企業は，損益，すなわち，儲けたか損したかが中心となり，収益と費用との適合を計ることを狙いとしている。したがって，両者の狙いは全く異なるといえる。

　ともあれ，私たちの社会における経済は，私企業がその中心となるところに特質がある。公経済は私経済の円滑な発展を促進することを任務としている。そこで，経済活動において能動的な役割を果たすものが，生産活動を営む企業であり，その企業のうちでもっとも重要な地位を占めるものが私企業であるということになる。すなわち，私たちの資本主義社会においては，企業は私企業によって代表される。

（3）企業の意義

　いままで大海に浮ぶ島としての企業について述べてきたが，ここでは島そのものについて考えてみよう。

　「企業」という概念は，本来，経済学・経営学上の概念で，いろいろの解釈があり，きわめて議論の多い概念である。一般に広義には，「継続的・協働的・計画的に同種の事業活動を行う独立の経済主体」であると定義されている。この場合の企業には，国または地方公共団体などが社会公共の福祉を維持増進するために自ら経営する公企業が含まれている。これに対して，狭義の企業とは，トヨタやNTTなどの私人（民間人）が「自らの利益を得るために」（これを営利目的とよぶ）営む私企業（民間企業）をさし，これは「営利を目的として継続的・協働的・計画的に事業活動を行う独立の経済主体」である定義される。通常，企業という場合には，原則として私企業をさしている。以下，藻利重隆博士の説を引用して，私企業を中心に考察してみよう。

　藻利重隆博士は，今日の企業を次のように特質づけている。

1) 　企業は商品の生産を目的とする経済単位であり，商品生産の組織体である。この企業の営む生産活動は，つぎのような特質をもっている。

① 商品生産を行なうものである。すなわち企業活動は，他に販売することを目的として，財貨や用役を生産するものである。
② 継続的生産を行なうものである。すなわち機械設備をもつ工場や事務所などの一定の施設のもとに，長期にわたり継続して生産を行なうものである。
③ 協働的生産を行なうものである。すなわち企業における生産は，個人的生産ではなくて，多数の人々の組織的な協働によって行なわれるものである。
④ 計画的生産を行なうものである。すなわち企業の生産はあらかじめ一定の計画をたて，これにもとづいて，この計画を実現するという仕方で行なわれている。

2) 企業は利潤の獲得を目的とする経済単位であり，営利経済の組織体である。利潤は販売収益から生産に要した諸費用を差し引いた余剰であって，企業はこの利潤の極大化を企図して，生産活動を行なうものである（『経営』大原出版，2-3ページ）。

このように企業は単に商品生産を目的とするだけではなくて，同時に利潤の獲得をも目的とするものであり，この意味において営利的商品生産こそが企業の目的であるということができる。しかし，ここでいう利潤の極大化とは，一回限り，あるいは一時的な短期間における利潤の極大化ではなく，持続的・長期的な利潤の極大化を企てるものでなければならない。なぜなら，今日の企業は有限企業でなく，無限に存続することを使命とする継続企業（ゴーイング・コンサーン）であるからである。したがって，たとえば，品質の悪い商品を高価に販売することは，その取引では，利潤を大きくしても，やがて消費者の信用を失い，ついには企業の没落を招くことになる。その意味で企業の営利原則は，形式的には利潤極大化の原則であるが，実質的にはゴーイング・コンサーンとしての企業維持の原則として存在しているということができる（前掲書，

15-17ページ)。

2. 企業の形態

(1) 企業形態の意義と分類

　企業が事業を経営するには，資本が必要である。企業に資本を出す者を出資者というが，この出資者の種類・構成や出資の仕方などの違いによって，企業のパターンに分類が生じる。この企業の種類を企業形態とよんでいる。

　企業形態はまず，出資者が民間人であるか，国家や地方自治体であるか，その両者であるかによって，私企業，公企業，公私合同企業に区別される。さらに私企業は，個人企業と共同企業（あるいは集団企業）に区別される。共同企業には法人格をもつ会社企業のほか，組合企業もある。また，出資が一定範囲のものに限られているか，広く一般に公開されているかによって，閉鎖的共同企業と公開的共同企業に分類される。

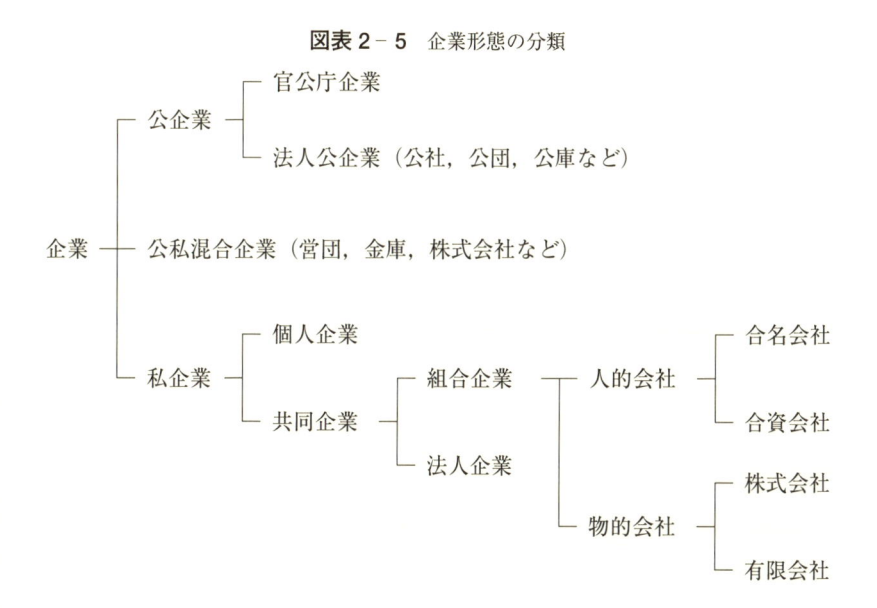

図表 2-5　企業形態の分類

```
             ┌ 公企業 ─┬ 官公庁企業
             │         └ 法人公企業（公社，公団，公庫など）
             │
企業 ────────┼ 公私混合企業（営団，金庫，株式会社など）
             │
             │         ┌ 個人企業                         ┌ 人的会社 ─┬ 合名会社
             └ 私企業 ─┤           ┌ 組合企業            │           └ 合資会社
                       └ 共同企業 ─┤                     │
                                   └ 法人企業 ───────────┤           ┌ 株式会社
                                                         └ 物的会社 ─┤
                                                                     └ 有限会社
```

図表 2-6　私企業形態の分類

経済上の形態	法律上の形態
Ⅰ　個人企業	個人商店
Ⅱ　共同企業　　　　　　　　A　閉鎖的共同企業	合名会社，合資会社，有限会社，民法上の組合，協同組合
B　公開的共同企業	株式会社，相互会社

　この場合に，形式的な法律上の形態と実質的な経済上の形態とが，必ずしも一致しないことがある。たとえば，会社法に定められている株式会社制度は，本来，大規模な会社を対象として適用されることを前提としているが，現実には日本における株式会社は，数のうえで同族会社（同一家族または親族のみが出資している会社）が圧倒的に多い。

(2) 個人企業と法人企業

　一般に，「企業」と「法人」・「会社」の区別はあまりされずに，同じような意味に使われていることが多い。しかし，これらは概念上，区別して理解する必要がある。

　私企業には個人企業もあれば，法人企業もあるが，その中心は法人企業，なかでも株式会社である。個人企業は，企業の資本を一個人が出し，経営上の全責任を出資者個人が負う。その責任は無限で，出資者＝経営者＝企業者である。そのため，出資者個人の意思決定いかんが全ての経営業績に反映される。反面，企業の規模拡大には信用面からもおのずと資金的制約を受けやすく，また個人的能力には健康その他の事情によって限界があり，企業の継続性に問題が生じる。

　このような個人企業が，実体は個人企業であっても，会社設立の手続きをし

て法人格さえ取得すれば法人企業になれる。この法人格を取得して法人となることを「法人成り」という。法人とは，法律用語で私たち生きている人を「自然人」とよぶのに対して，「自然人以外のもので法律上の権利義務の主体とされるもの」をいう。なぜ法人にするかの理由は，企業活動の本来の目的や機能の発揮というよりは，節税や社会的信用など不純な動機による設立が少なくない。現に，株式会社制度は大企業に適用されることを前提として定められているのに，株式会社の95％以上が零細・中小企業であることからも，その実態が理解できる。

　ともあれ，私たちの経済活動は，多くの場合に，個人で行うというよりは，共同の目的をもって集まった2人以上の集団（団体）で行われる場合のほうが多い。この団体としての組織・機構を備えた集団を法律用語では「社団」といい，その集団を構成するメンバー（構成員）を「社員」とよぶ。また，経済活動に限らず，法律上，一定の条件を満たす社団に権利義務を認め，主体として扱う場合に「社団法人」となる。なお，個人企業が発展して2人以上の者が出資をして共同経営の形で事業が行われると，民法上の組合となる。したがって，法律上，団体には社団と組合があることになる。社団が団体と構成員間の社員関係によって成立しているのに対し，組合は，構成員相互間の契約関係で結ばれているところに重要な違いがある。

　経済活動において，なぜ権利義務の主体となる法人が便利かというと，法人となって初めて，法人自体が自己の名において取引行為をなすことができるようになるからである。これがもし法律上の権利義務の主体のない単なる団体（権利能力のない社団という）の場合には，その団体の名において第三者と取引するにしても，団体構成員全員の名前においてしなければならず，これは取引を円滑に進めるうえで大変不便となる。ここに，一定の条件に法律上の権利義務の主体としての法人という制度の意義がある。

(3) 会社の定義と種類

　会社とは，経済的な意味では「営利を目的として経済活動を行う独立の単位（主体）」であり，法律的な意味では「営利を目的とする社団法人」である。商法の会社の定義によれば，「会社とは商行為を為すを業とする目的をもって設立したる社団をいう。営利を目的とする社団として……設立したるものは商行為を為すを業とせざるもこれを会社とみなす」（第52条）とある。つまり，商行為，または営利を目的とした人の集合体が会社である。ここで営利とは，会社自体が利益をあげるだけでなく，構成員である社員（出資者）に利潤を分配することまでも意味する。したがって，構成員の存在を予定せず，一定の公益目的のために提供された財産を運営するために作られる財団法人は，営利法人になることはできない。

　法律上，会社形態をとるものは，商法において，1) 合名会社，2) 合資会社，3) 株式会社があり，有限会社法において，4) 有限会社がある。現在の法制度では，企業規模の大きくなるにつれて，1) →2) →4) →3) の順で企業が会社形態をとることを期待している。以下，この順序で説明してみよう。

1) 合名会社

　合名会社は，2人以上のものが共同で出資してつくる会社の一種で，個人に次いで古い企業形態である。経営は出資者である社員全員で行うか，社員から選ばれた業務執行社員があたるが，経営の結果については社員の全員が連帯して会社債務者に対して無限責任を負うことになっている。つまり，出資者がすべて無限責任社員であるところに合名会社の特質がある。したがって，合名会社の社員（出資者）のすべてが経営者＝企業者となる。

　このように合名会社は，事業が失敗したとき，全責任を出資者個人が負う無限責任社員という形態の会社である。そのため，リスクも大きいことから，出資者の範囲も親族とか知人などに限られることになり，事業拡大に必要な会社の自己資金の調達にも限界がある。この合名会社は，今日では，「死せる企業

形態」であるといわれている。

2) 合資会社

　合資会社は，会社債権者に対して無限責任を負う社員と，有限責任を負う社員との2種の出資者をもつ会社形態である。有限責任社員は，その出資額を限度として会社の債務弁済に責任を負えばよいので，リスクも小さく，利益分配は社員の出資比率に応じて受けられることから，出資者をより広範囲に集めることができるようになる。

　有限責任社員は，業務執行（経営）を監視する権限はあるが，業務執行に当たることはできない。業務執行は無限責任社員の全部またはそのなかから選ばれた業務執行社員があたる。無限責任社員は経営者であり企業者である。ここに経営者でない有限責任社員という出資者が現われることになる。しかし，会社の業績は無限責任の個人的な能力や信用にかかっている点から，合資会社は合名会社から一歩前進した会社形態であるといえる。

3) 有限会社

　有限会社は，歴史的には後述する株式会社制度に次いで最後に出現した会社形態である。この形態は，本来，大企業で株式を広く一般に公開することを期待して制定された株式会社制度の有限責任のメリットや，株主総会，取締役会等の複雑な機関を簡素化して中小規模の企業に適するように作られた制度である。

　有限会社は商法ではなく有限会社法によって規定されているが，実質的には商法上の会社と異なるところはない。すなわち，有限会社は，有限責任の出資者だけをもつ会社形態であるが，社員の数は50人以下に制限されている。また，資本は総額300万円以上で，出資一口の金額は均一であること要する。社員は出資の口数に応じた持ち分（会社に対してもつ権利義務）をもち，社員間での持ち分は自由に譲渡することができる。しかし，社員以外の者に持ち分を

譲渡する場合には社員総会の承認を必要とする。

　有限会社の機関としては，社員総会と取締役の2つが設けられなければならない。社員は総会の議決にあたり，出資1口につき1個の議権を与えられる。社員総会で選任された取締役（1名または数名）は，会社を代表し，日業務の執行にあたる。このほかに，監査役が設けられることもある。

4) 　株式会社

　① 　株式会社の特徴

　株式会社は，大企業を生み出すための制度として誕生した今日におけるもっとも進んだ形の代表的な企業形態である。本来のあるべき株式会社の形態は，大規模な公開会社であり，中小規模の非公開会社ではない。ところが現実には，株式会社の名において，大企業から中小企業にいたるまでいろいろの形態が存立している。ここでは，本来の株式会社の特徴について述べてみよう。

　㈤ 　有限責任制度

　株式会社は営利を目的とする社団法人であり，社員（株主）は会社債権者に対して，出資額の範囲内でしか責任を負わない有限責任社員で構成されていることである。とくに株式会社では，出資した社員を「株主」とよび，株主が会社に対してもつ法律上の地位（持ち分）を「株式」，この株式を具体的な目にみえる証券の形で示したものが「株券」である。したがって，株式の売買とは，現実には株券の売買のことであり，それは多くの場合，証券（株式）市場を通じて行われる。このように，株式会社の場合には，株式と証券市場とが結びつくことによって，誰でも安心して出資することができ，広く一般の人々から小口の資金を容易に集めることができるようになる。

　㈥ 　証券制度

　株式会社の資本金は株式というかたちに分割されている。株式は株主が株主という地位（持ち分）にあることにともなう権利の総体をいう。この権利には，株主総会での議決権などの共益権と，利益の配当の請求権や倒産などをし

て最後に会社に残った残余財産の請求権などの自益権とがある。

　株式は以前は額面株と無額面株の2種があったが，現在は無額面株のみである。これにともない，株式の権利内容に差異のある株式を発行することができる。たとえば，共益権については議決権のない株式や一部の決議事項についてのみ議決権を行使できない種類株式を発行することもできる。また，自益権についても，利益配当ないし残余財産の分配に関して優先株や劣後株などの普通株とは異なった権利をもつ種類株式を，その内容・数の算定の基準の要綱を定款で定めておけば，発行することができる。これによって，株式の価値を特定の子会社ないし事業部の価値に連動するトラッキング・ストックの発行が可能となる。

　このように，株式は株主の地位を意味するが，株主総会においては1株が1票となり，株主の出資と会社支配をつなぐ役割を果たしている。また，株主に対しては株券が発行されるが，この株券は有価証券であって，株主は自由にこれを売り渡すことができる。すなわち，株式会社の株主には，会社に対する持ち分（出資者として会社に対してもつ権利義務）である株式を自由に他人に譲渡することが認められている。そこで誰でも株券を買うことによって特定の会社の株主となり，また株券を売ることによってその会社との関係を絶つことができる。

② 　株式会社の経営組織

　株式会社には会社経営の機関として，法律上，株主総会，取締役会，代表取締役，監査役（大会社においては，さらに監査役会）がおかれる。

(イ) 　株主総会と取締役会

　株主総会は，会社の基本的な重要事項につき意思決定を行う最高機関であるが，決して万能の機関ではない。① 定款の変更，合併，資本の減少，営業譲渡，解散など，会社の基礎ないし営業に根本的な変動を生じる事項，② 機関の選任，解任，③ 計算書類の承認および利益配当の決定など，計算に関する事項，④ 事後設立など経営陣による権限濫用の危険が大きい事項，⑤ 第三者

に対する新株の有利発行など株主の重要な利益に関する事項など，商法または定款で定められた事項に限られる。このうち，株主総会のもっとも重要な役割は，株主に代って会社を経営する取締役を選任することである。

　株主総会で選任された取締役は，取締役会という機関を構成し，会社の重要な業務執行に関する意思決定を行う。株式会社では最低3人の取締役を選任することが必要であるが，取締役の任期は2年以内で，株主総会はいつでもこれを解任することができる。取締役は株主である必要はなく，広く人材を求めることができる。

　取締役会は，代表取締役の選任および解任，新株式の発行，社債の発行，株主総会の招集などのほか，重要な財産の処分および譲渡，多額の借財，支配人その他の重要な使用人の選任および解任，支店その他の重要な組織の設置・変更・廃止，その他の重要な業務執行を含む事項を決定する。また，取締役会には代表取締役の行う業務執行を監督する権限がある。そのことは，従業員を含む会社の事業全体を監督することになる。

　株主総会における株主の議決権の行使は，委任状により代理人をもってすることが認められているので，受動的株主が増大するにしたがって，株主総会は有名無実化する傾向にある。そこで株主総会の意思決定機関としては取締役会がより重要な地位をしめるものになっている。

　㊁　代表取締役

　代表取締役は会社を代表する取締役であって，取締役会の決議によって取締役のうちから選任される。代表取締役は社長一人であるとは限らず，社長のほか会長，副社長，専務取締役，常務取締役なども代表取締役となっている場合が多くある。代表取締役は法律上は会社の業務執行機関であって，意思決定機関ではない。しかし実際には会社の意思は代表取締役によって決定されるのが一般である。

　代表取締役は取締役会の決議によって取締役のうちから選任され，取締役会は代表取締役の業務執行を監視する立場にある。すなわち，執行責任と監査責

任を分離することで経営の規律を保つことを狙いとしている。しかし，日本の会社の取締役会は，従業員から昇進する社内取締役がほとんどのため，どうしても監査機能が甘くなる。そこで，大会社（資本金5億円以上，もしくは負債総額200億円以上の会社）では，社外取締役による監査機能を強化するため，会社の判断で「委員会等設置会社」（商法特例法）を新設することができるようになった。

この「委員会等設置会社」では，監査委員会，指名委員会，報酬委員会の3つの委員会を設置する。監査委員会は，取締役や執行役の監査のほか会計監査人の選任や解任を受け持つ。この委員会を設置する代わりに，後述する監査役は必要なくなる。報酬委員会は，取締役や監査役，執行役が受ける個人別の報酬を決める。取締役にストックオプションを割り当てるときも，ここで株数などを決定する。指名委員会は，取締役候補を決めて株主総会に示す。これは，従来，多くの会社で代表取締役がもっていた権限である。

各委員会とも3人以上で，その過半数を社外取締役が占めなければならない。但し，社外取締役は委員会の兼務が認められているため，最低必要な人数は2人となる。委員会等設置会社での取締役の任期は1年である。したがって，取締役会では経営の基本方針を決定する職務が中心となり，業務の執行は複数のメンバーで構成される執行役が受け持ち，その代表が取締役会で指名される代表執行役である。

(ハ) 監査役

監査役の制度は，会社の規模や形態によって違ってくる。監査役の職務は会計監査と業務監査に分けられるが，小会社（資本金1億円以下でかつ負債総額200億円未満の会社）の監査役は会計監査のみ行い，監査人は1人でよい。大会社（資本金5億円以上または負債総額200億円以上の会社）の監査役は，会計監査と業務監査を職務とし，3人以上で，そのうち1人は常勤監査役で，半数以上が社外監査役でなければならない。大会社は監査役の会計監査とともに，会計監査人（公認会計士または監査法人）の監査を必要とする。監査役は監査役会

を構成し，多数決により監査報告書を作成する。監査役および会計監査人の適法意見が付いている場合には，株主総会において計算書類の承認決議を経る必要がない。

そのほか，監査役には業務監査の職務がある。監査役の任期は，就任後4年以内の最終の決算期に関する定時株主総会の終結の時までである。

3 経営の組織

(1) 組織の形成過程

会社の活動とは，要するに物やサービスを買って，造って，売ることだといってしまえばそれまでだが，その中味はなかなか複雑で，会社の規模，業種，業態によってきわめて多様である．これを一般的に把握することは困難である．ここではすべての企業に共通して存在している一般的骨組みについて述べてみよう。

ある人が起業して，1人で生産および販売するよりも，2人以上の複数の人間が協働して，生産と販売を分担した方が能率的であることはいうまでもない。つまり，2人以上の複数の人間が集まって，ひとつの目的を達成するために協働するときに組織が生まれる。この目的達成のために必要な仕事を分担することを「職能」という。

よく企業の職能と活動との意味が混同されるときがある。職能とはなされるべき仕事（work to be done）を意味しているのに対して，活動とはなされている仕事あるいはなされた仕事のことを意味している。いいかえれば，職能が遂行されるべきものとしての企業の活動であるのに対して，活動はその現実的遂行あるいは遂行の結果を意味している。この仕事を分担することを分業といい，その現象を「職能の分化」とよんでいる。すなわち，職能を分担することが職能の分化である。組織は職能の分化によって発生する。

企業の職能は，企業が大規模化し分業が発達するにしたがって質的に細かく

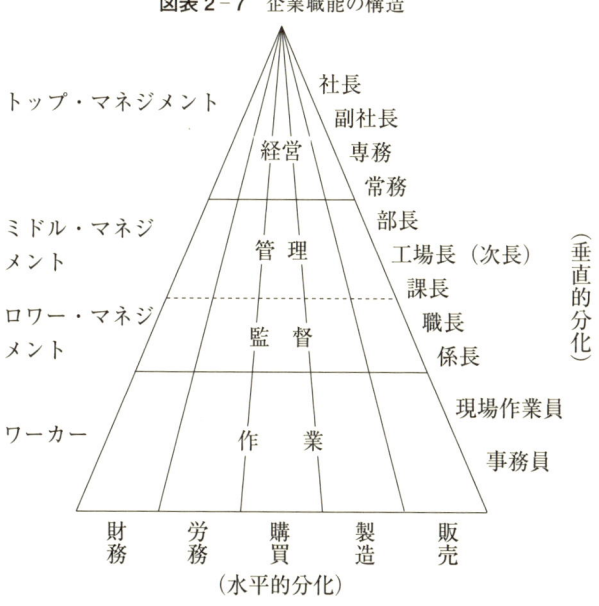

図表2-7　企業職能の構造

```
                        社長
トップ・マネジメント       副社長
                経営    専務
                        常務
                        部長
ミドル・マネジ           工場長（次長）    （垂
メント          管理    課長            直
                                       的
ロワー・マネジ           職長            分
メント          監督    係長            化）

ワーカー        作業    現場作業員
                        事務員

        財  労  購  製  販
        務  務  買  造  売
            （水平的分化）
```

分化する。この企業の職能分化には，ヨコの分化である水平的分化とタテの分化である垂直的分化とがある。水平的分化とは，企業の全体としての仕事を財務・労務・購買・製造・販売というように，発現の順序にしたがって分化していくことをいう。垂直的分化とは階層的分化ともよばれ，経営（最高管理）・管理（中間管理）・監督・作業というように仕事が階層的に分化していくことをいう。これら水平的分化と垂直的分化とは，それぞれ別個に発展するのではなく，相互関連的に発展し，それによって企業の職能の複雑な立体的構造が成立するのである。

参考までに会社の組織の一例を示す（図表2-8参照）。

（2）経営管理職能と経営管理

企業の活動は，その組織の構成員（成員）である個々の従業者の活動によって具体的に展開される。すなわち，従業者は企業に設けられるそれぞれの職位

図表2-8　会社の組織の一例

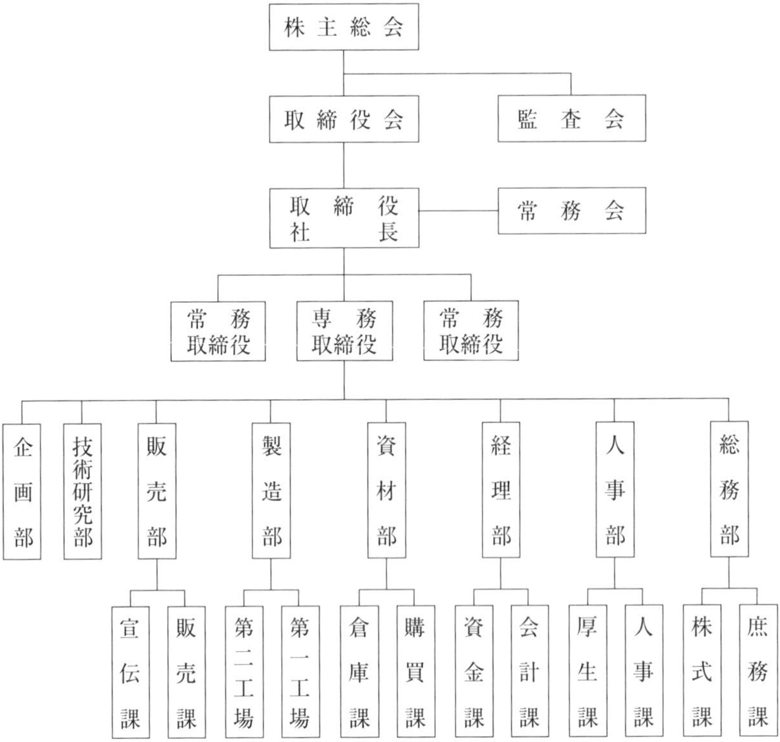

```
                    株 主 総 会
                         │
              ┌──────────┴──────────┐
          取 締 役 会              監 査 会
              │
         取 締 役         ───── 常 務 会
         社   長
              │
      ┌───────┼───────┐
    常 務    専 務    常 務
    取締役   取締役   取締役
              │
  ┌────┬────┬────┬────┬────┬────┬────┐
  企   技   販   製   資   経   人   総
  画   術   売   造   材   理   事   務
  部   研   部   部   部   部   部   部
       究
       部
  │    │    │    │    │    │    │    │
 ┌┴┐      ┌┴┐  ┌┴┐  ┌┴┐  ┌┴┐  ┌┴┐  ┌┴┐
 宣 販    第 第  倉 購  資 会  厚 人  株 庶
 伝 売    二 一  庫 買  金 計  生 事  式 務
 課 課    工 工  課 課  課 課  課 課  課 課
          場 場
```

に配置され，その職位に割り当てられている仕事，すなわち，職務を担当することになる。この職位の編成体である組織は，単に仕事の質（種類）的分化である職能分化のみならず，職位の設定に当たっては，同時に仕事の量を考慮する必要がある。

　企業の組織は職能の階層的分化に照応させて，経営・管理・作業の各階層の組織に大別することができる。経営層は一般にトップ・マネジメントともよばれ，経営全般の最高方針の決定等を担っている。管理層はミドル・マネジメントともよばれ，部門経営層としての責任を担っている部長やそれを補佐する立場にある課長などがこれにあたる。下級管理層としての監督層はロワー・マネ

ジメントともよばれ，直接的に現場作業の実施についての指揮・監督を主な職能としている係長や職長などを指している。

このように，職能分化は職位と部門に具体化されて組織構造（枠組み）となり，この組織構造を秩序づけたものを組織形態という。その組織形態

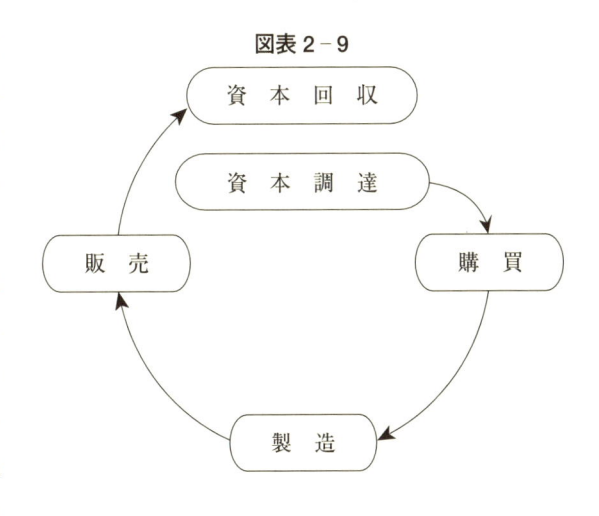

図表2-9

資本調達 → 購買 → 製造 → 販売 → 資本回収

を職能分化の視点から観察すると，企業の経営活動は主体的存在である人間（労働）と客体的存在である財貨（資本）によって形成されていることがわかる。この資本と労働という経営の基本的構成要素のことを経営の要素的職能という。

この資本と労働の両要素を有機的に結合して経営循環活動を行う。それは通常，《資本調達──→購買──→製造──→販売──→資本回収……》という経営循環過程を形成し，しかも終点の資本回収は，起点の資本調達に連繋して循環する。このように，企業の経営活動は行動の流れに従い，購買・製造・販売の一連の過程で現場活動が行われることから，この購買・製造・販売のことを経営の過程的職能という。

この経営循環過程のうち，資本の調達と回収は同じ資金関係の活動領域であることから，これらを一括して財務活動とし，また購買は製造の準備段階であることから，これらを一括して生産活動とするならば，企業の経営活動は生産・販売・財務の3つの活動領域によって構成されることになる。そのことから，これら3つの職能のことを経営の基本職能とよんでいる。そして，これらの基本職能に携わる部門のことをライン部門とよび，それ以外の補助的職能部

門のことをスタッフ部門とよんでいる。

　すなわち，ライン部門とは企業の業績に直接的に貢献する部門であり，企業の損益に直接的に関与する執行的職能（部門）のことをいう。これに対して，スタッフ部門とは法務・会計・情報・技術など企業の業績に直接的に関与せず，専門技術的なサービス職能または助言的職能を通じてライン部門を援助する部門のことをいう。つまり，スタッフ部門は補助的・非執行的部門である。このスタッフ職能のうち，ライン部門の計画・統制面を援助（助言）するスタッフを管理スタッフまたはゼネラル・スタッフとよび，実施面を援助（助力）するスタッフを専門スタッフまたはサービススタッフとよんでいる。

　以上の経営活動における要素的職能と過程的職能とを経営管理との関連で図示すると図表2-10のようになる。

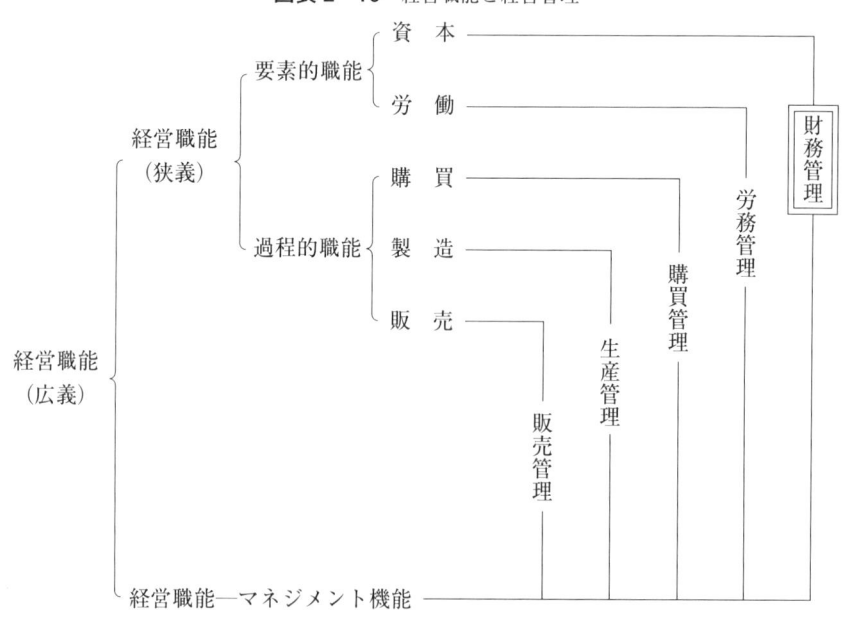

図表2-10　経営職能と経営管理

```
                        ┌ 要素的職能 ┌ 資　本 ─────────────────────┐
                        │            └ 労　働 ───────────────┐     │
      経営職能          │                                      │     │
      （狭義）          │            ┌ 購　買 ─────────┐       │     │
                        └ 過程的職能 ┤ 製　造 ───────┐ │       │  財務
経営職能                             └ 販　売 ─┐     │ │       │  管理
（広義）                                        │     │ │       │
                                                │     │ │    労務
                                                │     │ 購買  管理
                                                │  生産 管理
                                                │  管理
                                             販売
                                             管理
      └ 経営職能─マネジメント機能
```

第3章
ビジネスコミュニケーション

1. コミュニケーションの意味

　人がお互いを理解し，影響を与え合うなどの社会生活を成り立たせるためにはコミュニケーションが必要です。また，集団が存在するときは，さまざまなかたちのコミュニケーションが成立します。

　この章では対人コミュニケーションに的を絞り解説します。コミュニケーションの定義を以下のように先人たちは説いています。

（1）コミュニケーションとは
　① クーリー（C. H. Cooley）は，「コミュニケーションとは，それを通して人間関係が成立し，発達するメカニズムを意味する」
　② ラスウェル（H. D. Laswell）は，「二人の人間のコミュニケーション活動は，両者が同じ記号を同じように理解する場合に完結する」
　③ シュラム（W. Schramm）は，「コミュニケーションとは，ラテン語のcommunis，つまりcommonからきている。われわれはコミュニケートするとき，誰かと『共通のもの（commoness）』を打ちたてようとしている」
　④ ライト（C. R. Wright）は，「コミュニケーションとは，個人個人との間で意味を伝える過程である」
　⑤ ホーヴランド（C. L. Hovland）は，「コミュニケーションとは，個人（送り手）が他の個人（受け手）の行動を変容するために，刺激（通常言

語的シンボル）を送るプロセスである」
⑥ ミラー（G. A. Miller）は，「コミュニケーションは，メッセージの出所が，信号をチャネルを通して，目的とする受け手に送信する場合に生じる」

以上のようにコミュニケーションを定義づけています。

コミュニケーションの意味は，通信，交通，音信，伝達，連絡，交通機関，意思疎通などがあげられ，記号，チャネル，情報やメディアなどを介して意味を表すことや解読する過程と考えられます。

そこで，対人コミュニケーションの定義を，「送り手と受け手が，互いの共通記号やチャネルを使い，目的とする受け手に伝達する手段であり，互いに影響しあう過程である」と考察します。

コミュニケーションとは人と人とが互いに関わろうとする試みと考えられます。

Source（話し手）→Context（状況）→Message（スピーチ）Channel（媒体）Receiver（聴き手）→Feedback（反応）→Process（過程）

このように，誰に対してメッセージを発しているのか。誰が誰にというスピーチは，受け手により言語の選択で，内容が変化してきます。送り手はメッセージの受け手をよく理解しておく必要があります。また，メッセージをとおして意味の伝達，理解，説得などの影響を相互にし合います。

コミュニケーションを図り維持していくために必要なものは，人同士がお互いに共通の記号（言語・非言語）やメッセージを搬送する通路であるチャネル（視・聴・触・匂・味）を使いながら，互いの目的達成や対人関係を築く知識，知恵や能力が必要であると考えられます。

コミュニケーション・チャネルとして，人がコミュニケーション活動を行う際には，意識的・無意識的のみならず，言葉だけで話をするのではなく，顔の表情やジェスチャーなど，身体の一部あるいは全体を用いるノン・バーバルなコミュニケーションも使われます。

したがって，コミュニケーションの分類としては，言語コミュニケーションと非言語コミュニケーションがあげられます。

① 言語コミュニケーション（verbal communication）

コミュニケーションの手段としてもっとも理解できる記号が言語です。動物も鳴き声でコミュニケーションを図っていますが，言語は人と他の動物と異なる存在とされている重要な要因のひとつです。人は言語を文化的環境のなかで文化の一部として習得してきました。

さらに，過去・現在・未来・仮定・原因・理由・目的などの変換により経験を受け手に伝え，他から送られるメッセージを別の受け手に伝える転送もできます。

② 非言語コミュニケーション（nonverbal communication）

人の身体の一部あるいは全体を用い，身振り，手振り，顔の表情，視線，姿勢，においなどを使って，受け手にメッセージを送り，コミュニケーションを図ります。聴覚だけではなく，視覚などを用いて感情を人へ伝えることは可能です。しかし，抽象的な情報や論理的な情報伝達は困難です。

コミュニケーションの媒体として，言語・非言語コミュニケーションは対人関係において，相互理解を深める意味ではもっとも重要な役割を果たしています。

コミュニケーションは人間行動と深く関連しており，生活していく上で，必要不可欠なものです。人はコミュニケーションの関わりにおいて，知識，価値，行動様式などを会得することができ，社会，伝統や文化を形成しているといえます。

近年，高度情報化時代のおかげで，新たなコミュニケーションの手段として，インターネットの急速な普及があります。国という概念に囚われない双方向のコミュニケーションに手軽に参加することにより，世界の誰とでも瞬時に結びつくことができるなど，インターネットはグローバルな環境を形成しました。

また，メディアを利用した広域なコミュニケーションを背景とした革新的な変化がもたらされました。このような，情報化時代だからこそ，コミュニケーションの重要性はますます増加してきていることに留意すべきです。

2. 対人コミュニケーションの内容

（1）対人コミュニケーション
　コミュニケーションは送り手から受け手への単なる情報伝達ではなく，送り手と受け手の相互主体的，かつ多面的，連続的な相互作用の過程です。

　対人コミュニケーションはキャッチボールにたとえられます。ボールを投げればまた投げ返すように，相互に投げ合い，そのボールにどのような意図が込められているかを見極めなければなりません。

　ボールにも直球や変化球があるように，自分勝手に投げていては相手が取りづらく，ボールを掴み損なうこともあります。また，ボールを受けとる側の性格やその時の状況によっては，コミュニケーションがうまくいかないこともあるでしょう。

　受け手も積極的に受け取ろうという姿勢がなければ，成り立ちません。したがって，相互理解を深めるコミュニケーションが大切になってきます。

　相互理解を深めるためには，コミュニケーションをとおして受け手の方向性を知ることが必要です。差異や相違を明確に分析して，理解することです。

　現代は，職場でのコミュニケーションがうまくいかず，ストレスに悩んでいる人が増加しています。ハードな側面として，インターネット・電子メール・FAX・携帯電話などがますます充実してきました。情報機器ではコミュニケーションがとれるが，ソフトな側面である対人とのコミュニケーションがうまくとれない人が多いようです。対人関係において，コミュニケーション不足は，さまざまな問題を生じ，トラブルを発生させます。

（2）会社組織におけるコミュニケーション

　日本における経済不況は，経営環境を急変させ，以前の日本的経営を根本から変革せざるを得ない状況に追い込まれました。設備や人員の見直しでリストラに拍車がかかり，非正社員である契約社員が急増するなど，雇用形態の大変革があげられます。

　リストラによる，会社組織の変化が表出すると，コミュニケーションをより迅速にするために，従来のピラミッド型組織からフラットな組織への移行で，組織の活性化がなされました。

　フラットな組織においては，上司や社員間のコミュニケーションが活発になり，コミュニケーションの形態が双方向になると考えられます。

　会社組織においては，多くの人たちが役割を分担して仕事を遂行しています。仕事を正確に遂行するためには，互いに交わされる情報と意思の疎通がなければ，組織は成立しません。組織におけるコミュニケーションを円滑にするためには，以下のことがあげられます。

① 情報伝達　⇒　自分自身の意志や考えを受け手（上司・同僚・部下）に伝え，コミュニケーションを図る。客観的に正確・適切・迅速に伝えなければいけない。
② 意味形成　⇒　送り手の伝えようとしている内容を正確に把握する。
③ 連　　結　⇒　疑問点や理解できないことは，質問をする。
④ 調　　整　⇒　自分が発信した情報が受け手に，正確に受け入れられたか確認。また，送り手が発信した情報が自分自身に理解できたかどうか確かめる。相互理解ができなければ，職場のコミュニケーションは円滑にはいかない。

　会社内でのコミュニケーションの善し悪しが仕事に大きな影響を与えます。仕事の流れはコミュニケーションの流れであり，コミュニケーションをうまくとることにより，質の高い仕事ができます。

　コミュニケーションは，情報のみならず意思，感情を伝達，交換しあい，相

互理解を深めるととともにこれらを通じて互いに共通性を築いていく過程でもあります。

組織内でコミュニケーションが円滑に行われている場合は、職場内の相互の情報、意思などの共通性が高いといえます。

3. プレゼンテーションの技法と活用

(1) プレゼンテーションの概要

コミュニケーションにはメッセージの送り手と受け手があり、双方の伝達や理解のプロセスをとおして情報が伝わります。このようなコミュニケーションのひとつにプレゼンテーションがあります。

Presentationの語源を『新編英和活用大辞典』『カタカナ語の辞典』『朝日キーワード』などで考察すると「表現、発表、広告主に対して広告プランを提示すること」などの意があります。これは、会議などの席で効果的に発表・提示することであり、とくに広告代理店が、宣伝・広告のアイディアや企画を広告主などに提示・説明することです。略して「プレゼン」ともいいます。

星野匡によれば、「プレゼンテーションとは、言葉や図解によって聴衆に説明したり、一連の行動を起こさせること」「広義のプレゼンテーションには、企業そのものや商品・サービスなどの売り込みも含まれ、取引先を集めた次期新商品の発表会も含まれる」と説いています。

これらのことから、プレゼンテーションとは、もともと広告業界から生まれてきたと推定され、目的に基づき限られた時間のなかで聴き手に対し、よりよい効果を期待するために、製品の特徴・製品の技術・企画・背景や自己PRなどを含めて効果的に情報を伝達し、その結果として判断や意思決定をしてもらうために、積極的な動機づけを行うコミュニケーションの方法であると考察されます。

すなわち、プレゼンテーションとは発表者から聴き手へ、最適な情報を与え

ることを意味します。その際、聴き手が納得し満足のいく発表をすることはいうまでもなく、聴き手に合わせた表現の仕方や知りたいことを、印象的に・理解しやすく・より効率的に伝えることと考えられます。

(2) プレゼンテーションの変遷

　プレゼンテーションの発展過程を後付ける場合、日米の発展プロセスを比較し、その特徴を考察するという方法があります。米国では、プレゼンテーションを行う機会が頻繁にあり、機器や技術も開発されてきています。

　また、米国がプレゼンテーションの技能や技術において優れている理由として次のことが上げられます。
① 多民族国家であり、能力主義の徹底された国民性であるため、異民族の人々同士説明しあい説得しあわなければ生活が成り立たない。
② 自分の個性・技能を主張しなければ、能力がないとみなされ、仕事においても希望する職業に就けない場合もある。
③ 訴訟社会のため、強烈に自己の正統性を主張しなければ敗訴してしまう。

　このようなことから交渉力と説得力を必要とするプレゼンテーションの活用能力が必要条件となってきています。

　それに比べ日本は、
① 単一民族国家で、精神主義を重んじ自己アピールが不得手。
② 自己主張することが、わがまま、でしゃばりと思われる場合が多い。

　ビジネス社会においても日本は温情主義を重視するあまり、以心伝心という形式が美徳とされ、自己主張ができにくいと考えられます。

　生活文化の違いや今日の経営環境の変化にともない、わが国においても企業や個人が生き延びるためには、プレゼンテーション能力が必要条件になります。

　情報機器の発展によりプレゼンテーションツールも変容を遂げ、黒板を利用した口頭だけの発表から比較すると、マルチメディアを活用したプレゼンテー

ションは伝達効果において群を抜いています。視聴覚ツールとしての色彩・音楽・バーチャルリアリティ（仮想体験）など，創造性があり視聴覚から訴えるので高い効果をあげています。

（３）プレゼンテーション技法とその効用

　新製品を企画する際のプレゼンテーションが成功するか否かは，マーケティングの段階で情報は入手できますが，それだけで成功するとは限りません。その製品の存在や良さを聴き手にいかに伝え知らしめ，それを受け止めてもらうかによるので，発表者自身のプレゼンテーション能力が問われます。

　同じ企画でも，発表者が異なると良くも悪くもなり，プレゼンテーションの出来映えで，その違いが判明します。

　プレゼンテーションにいたるまでには，手持ちの情報だけでは説得力に欠ける場合があるので，まず情報収集をする必要があります。

１）情報収集としての情報源
　① マスメディア情報―これはマスコミュニケーションのための媒体によるものであり，新聞・雑誌・ラジオ・テレビ・映画などがあり，過去の情報としてはバックナンバー・データベースやマイクロフィルムで保管している場合もある。
　② インターネット情報―ホームページから世界中の情報・官公庁の情報から統計資料や個人情報など幅広く情報が入手できる。
　③ 人脈情報―多くの会合に参加して人脈を広げる。顧客・知人・友人・親戚など人間関係を良好にし，アンテナを張っておくと貴重な情報が入手できる場合がある。電子メール・電話・季節の手紙などの情報交換も有効である。

　図表３-１は，情報化におけるオフィスでの情報機器とプレゼンテーションツールの変容です。

第3章　ビジネスコミュニケーション

図表3-1　情報化からみたオフィスの変革とプレゼンテーションツール

年代	①原始オフィス時代 1960年代末まで	②EDPオフィス時代 1960年代末以降	③OAオフィス時代 1970年代末以降	④ニューオフィス時代 1980年代末以降	⑤インターネットオフィス時代 1995年以降
(1) 変革指向	物的施設・設備	EDP 集中オフィス 合理化 集中化	OA 分散オフィス 効率化 分散化	ネットワーク ネットワーク・オフィス 快適化 機能化	インターネット インターネット・オフィス マルチメディア
(2) 理論分野	事務管理 オフィス・マネジメント	経営事務管理 アドミニストレーティブ・マネジメント	情報管理 経営情報管理 インフォメーション・マネジメント	ファシリティ・マネジメント	経営トップの意思決定 文鎮型経営 Free&Web
(3) 情報機器	印刷機 複写機	コンピュータ（スタンドアローン） マイクロフィッシュ 電卓 タイプライター	コンピュータ（ネットワーク） ワープロ コピー機 パソコン（スタンドアローン）	パソコン（ネットワーク） モバイル・パソコン ワークステーション 複合多機能コピー機	パソコン（インターネット） 携帯情報端末（PDA）
(4) 外部通信	郵便・電話 テレックス	郵便・電話 テレックス	FAX 多機能電話 データ通信	自動車電話 電子メール 携帯電話	ナビゲーションシステム・デジタル携帯電話・音声のFAXイリュジューム
(5) 機器設置	執務オフィスと印刷室・複写室は別	執務オフィスとEDP室は分離	執務オフィスに複写機・印刷機 端末機 パソコン	執務オフィスの各デスクにパソコン設置	各デスクにインターネット設置・携帯情報端末（PDA）とパソコンの併用
(6) プレゼンテーションツール	黒板 ホワイトボード 模造紙	黒板 ホワイトボード 模造紙 スライド	黒板 ホワイトボード VTR OHP スライド	VTR OHP スライド オンスクリーン 電子黒板	VTR OHP デジタルコンテンツ オンスクリーン（マルチメディア・Power Pointなど），電子黒板DVD，LD（レーザーディスク） CD（コンパクトディスク），BGV

注）1．①〜④および(1)〜(5)は森川信男1995年日本経営教育学会報告「大競争時代の日本経営」による。
　　2．太枠の部分は筆者の見解。

④ 文献情報―国会図書館・公的図書館・大学図書館（関係者としての身分証明の提示要請）を利用しての情報収集。官公庁の情報は数字を把握するのによい。（官報・白書・統計・報告書など）以上のような情報収集の展開ができる

2）プレゼンテーションの技法と注意点
　　基本方針・目標の明確化 …… 情報収集
　　発表の文脈・展開順序 ……… 聴き手のニーズ・価値観
　　インパクトある視覚ツール … 視覚ツールの枚数確認
・基本的な考え方，コンセプトを提示している。導入で聴き手の関心をひきつけるための話題を提供できる。導入で話の全体像・手順を明確に伝えておく。
・ポイントは，ゆっくりと一段階ずつ見せていき，結論は導入と関連づけられるように具体的な行動の働きかけをする。
・企画の投資効果や企画の効果を的確に示す。
・聴き手の疑問や混乱の表情を見逃さず，必要であれば繰り返し説明する。
・質問に対応できる準備をして，議論においても，主張を論理的に述べ，冷静な対応を心がける。

4. プレゼンテーションの応用

　プレゼンテーション会場のセッティングも効果をあげるためには重要な要素です。プレゼンテーションツールを選び，人数により，会場はコの字型・ロの字型・教室型・V字型・卓上型などレイアウトを考えるようにしましょう。
　会議の種類としては社外会議・社内会議（取締役会・部課長会・連絡会など）・説明会・発表会・報告会・研修会・研究会などがあります。
　会議の目的は，①情報を集める，②情報の伝達をする，③情報交換をす

る，④ 意思決定をする，⑤ アイディアを収集するなどがあげられます。

　会議で重要なことは，会議の種類と目的は何か，何のために会議が開かれるかを十分に把握することです。

　プレゼンテーションの適用範囲について以下のことがあげられます。

種　類	内　　容
商　　談	提案書から具体的な説明に入るプレゼンテーションまで，簡単な説明が必要。競争入札の際，プレゼンテーションの役割が大。
新製品発表会	新製品のよさを対外的に認知してもらう役割。
工　場　見　学	顧客・地域住民や一般見学者に対し，商品や会社に対しての信頼感（企業倫理）を持ってもらうことが目的。
入社説明会	優秀な学生を多く集め，自社に適した学生を採用する役割。
社　外　会　議	顧客や特約店などとの仕事の打ち合わせの役割。
社　内　会　議	時間の短縮など会議の効率化と自分の提案を出席者に賛成してもらう役割。
社内発表会	ZD・QC・VEなどの活動を動機づけにTQCの一環として行われる役割。
社内研修会	社内で教育効果をあげるために，理解されやすい教え方。
公　共　団　体	公共団体が地元住民に対して行う説得。
学　　会	グループや個人の説を対外的に理解してもらう目的。

5. プレゼンテーションの対応

(1) プレゼンテーションの企画書

　企業におけるビジネス活動の場でのプレゼンテーションは，多くの情報や類似した情報が氾濫しているなか，その多くの情報のなかから必要な情報を選別しながら，企画立案していかなければなりません。

　企画とはある課題に基づいて，その課題を達成するために仕事のイメージを

描き，全体的さらに細部にわたる構想を練りまとめ，その提案内容および提案をまとめるにいたる過程の作業を企画といいます。

　　課題→企画者→企画実施者→課題解決策→対象者→実施案の詳細→資源と運用計画→段取→企画書

　企画にいたっては，5W3Hをふまえて企画書を作成します。

（2）プレゼンテーションの仕方

　プレゼンテーションの際，誤った敬語を使っている人を見かけることがあります。敬語は，話し手が話題にする人物や聞き手に対して，尊敬やへりくだりの気持ちを表すために用いる言語表現ですが，尊敬語を使わなければいけないところに謙譲語を用いたり，二重敬語を用いたりと煩雑な使い方をしている場合があります。プレゼンテーションをする以上，敬語は正しい使い方ができるのは当然です。

　プレゼンテーションを成功させるには，話の組み立て方だけでなく，話し方にもポイントがあります。それは，発表者が醸しだす雰囲気にもあり，生き生きとした表情で聴き手を見てはっきりとした声と明るい語調で話す。その際プレゼンテーションの目的・会場や場所・人数・プレゼン対象者・ツール・時間などを考慮に入れ構成していく必要があります。

（3）発表の展開の仕方

　① 演繹法

　まず先に結論を述べ，結論に至った説明をあとからする方法です。これは結論を先にもって来るので聴き手は目的が明確になり，その後の話の展開が理解しやすい。発表者としては結論を先に報告したので，時間調整が容易になるが，反面，結論を先に持ってきているので，途中でなかだるみの可能性もあるので，プレゼンターは余程，興味を引く内容にする必要があります。

② 帰納法
　問題をまず提起して，報告は導入から順を追って構成していく。その後，説明した後で結論へと結ぶ方法である。この方法は順を追っていくので内容の展開が理解しやすく，発表者としても，順序よくプレゼンテーションをすればよいので計画が立てやすい。

(4) 具体的な話し方
① 聞き取り，理解しやすい言葉や表現にする（曖昧な表現は避ける）。
② 語尾を伸ばしたつなぎ言葉（あの〜・エー・その〜・いわゆる）は避ける。
③ よくとおる声で，テンポよく，リズミカルに話す。
④ 長い話はメリハリをつけ，センテンスを短く，間をうまく取る必要がある。
⑤ ダラダラと区切りのない話し方は聞き苦しく感じられる。
⑥ 流行語や略語は頻繁に使わない。
⑦ 専門用語は説明し，業界用語は相手に合わせる。
⑧ 話す速さも聴き手に合わせることが必要である。
⑨ 自説を自信と熱意を持って語る。
⑩ 時間内に話をまとめる。企画・内容もさることながら，発表者は最も重要な要素になる，熱意・自信・創造性などを聴き手に感じさせるようにしなければならない。

(5) プレゼンテーションの態度・服装
　プレゼンテーションは発表する内容が充実していることは当然ですが，聞き手にとって，第一印象の視覚から訴えるインパクトは相当なものがあります。態度や服装には頓着する必要がないと思っている人もいるでしょう。しかし，それは大きな誤りです。

態度で示す表示として、表情である口角・目線・目つきなどがあります。口角は下がるよりも少し上向き加減の方が明るい印象を持たれます。表情の中でも最も大切なのは目線です。この目線のことをアイコンタクトといいますが、原稿を読むのに夢中になり、下ばかり見ていては聴き手に真意が伝わりません。

目線は特定の聞き手や場所など一点だけに向けるのではなく、目線を送るのは、公平になるように聞き手の後方角からZ状に順送り、聞き手の様子から反応を読み取り一人ひとりに説得するような話し方をした方が聞き手に良いと考えられます。相槌を打って欲しい場合は熱心に聞いている人を見つけ、要所要所でその聴き手に目線を送ると安心して発表の展開ができます。

表情は、聴き手に安心感を与えるためにも、穏やかで生き生きとして親しみやすい表情が望ましい。無表情では聴き手に伝わりにくい場合もあるので、発表の内容に合わせて変化させます。時には目的を持ってダイナミックに動き演じることも印象的であり、手を使ったジェスチャーも効果的です。

服装で好感がもたれるのは清潔感が最優先するので、埃や汚れはないか袖口・襟口や擦り切れに注意をはらいます。不潔であればそれだけで、プレゼンテーションを聞こうという気を失わせてしまいます。服装はセンスアップを心がけますが、業種や職種により、個性的なファッションも有効です。

長い髪の人は、こざっぱりとまとめ、無精髭は、性格まで無精に見られるので、髭が濃い人はプレゼンテーションの前にチェックすることも大切です。

以上、プレゼンターの人間性が態度や服装にも現れるので十分に注意を払う必要があります。

6. プレゼンテーション活用の方向

最後に、プレゼンテーションは社会人として必要な技術であり、グローバリゼーションの影響があると考えられ、真の意義を考察しながら21世紀に通用

し有効性が高いと考えられる技法などを整理してみたいと思います。それは，プレゼンテーションの概念にも関係しますが，――コミュニケーションツールとして，――異文化間の相互理解の道具としての活用がなされてきました。

そもそも，プレゼンテーションを説明，紹介，提示と日本語に訳し，内容を日本のそれと対応させ検討しているところにギャップが生じてきているように考えられます。プレゼンテーションという英語は，日本語には正確に対応する言葉はなく，複合的な概念としてとらえる必要があるのではないかと思います。広告業界で，とくに頻繁に使用されてきているのはコンセプチュアル（概念的）を相手に通じさせ，意思疎通を促進させ，相手に納得させる技術であると考えられます。

このような概念規定をすると，今後さらに現在も含めプレゼンテーションの課題（見直し）や方向性を展望する必要があります。

そのひとつに国際間あるいは異文化間のプレゼンテーションの問題があり，国境を超えて人種や異文化を超越してコミュニケーションを図るには，そこに内在しているギャップの除去が必要となります。現在コミュニケーションギャップの発生要因について以下のような見解があります。

・社会・経済的要因→産業基盤，法体系，教育水準などの違い
・技術的要因→工業水準，工業規格，安全基準などの違い
・文化的要因→宗教，風習，生活習慣などからくる，ものの考え方の違い
・地理的・生物学的要因→気象条件，地形的条件，生態学的諸環境の違い

（鈴木一郎・佐藤勉・黒田高之『国際プレゼンテーションの常識』中央経済社，1993年，p.50）

以上，国際間においてコミュニケーションに関する違いをあげてきましたが，コミュニケーションギャップを避けるための方法としては以下の点を考えることができます。

① プレゼンテーションを実施する相手の国および地域の文化などの情報を熟知すること。

② プレゼンテーションの目的・背景・条件など開始前に前提条件を具体的に明確にしておくこと。
③ 用語は正確，厳密に使い，後日，問題を起こさないよう細心の注意をはらう。
④ 価値共有の思想に基づき，少なくとも自分の価値を押し出さない。
⑤ ツールに溺れず・頼らず，人間としての基本的態度を忘れない。

なお，国際的なプレゼンテーションについては，言語表現の差異や為替レート，遵守しなければならない法律や基準などの留意点を把握しておく必要があります。

とくに，法律ないし基準については，わが国をはじめ各国とも地球環境の保全に関するものが成立・施行され，精緻化の方向にあるため十分熟知して行なうことがさらに必要になると考えられます。

参考文献

・ハバーマス, J. 著，平井俊彦訳『コミュニケーション的行為の理論（上）』未來社，1985年
・フレデリック, H. H. 著，川端末人ほか訳『グローバル・コミュニケーション』松柏社，1996年
・猪俣正雄『組織コミュニケーション論』中央経済社，1992年
・オーフォード, J. 著，山本和郎監訳『コミュニティ心理学 理論と実践』ミネルヴァ書房，1997年
・ウォーレス, P. 著，川浦康至・貝塚泉訳『インターネットの心理学』NTT出版，2001年
・原岡一馬編『組織コミュニケーション』福村出版社，1993年
・狩俣正雄『組織のコミュニケーション論』中央経済社，1992年
・星野匡『企画の立て方』日本経済新聞社，1997年
・山口弘明『プレゼンテーションの進め方』日本経済新聞社，1997年
・鈴木一郎・佐藤勉・黒田高之『国際プレゼンテーションの常識』中央経済社，1993年

第4章
人間関係

　私たちが仕事を進めていく中で出会う問題は大別すると2つに分かれます。ひとつは「仕事そのものに関わる問題」，もうひとつは「仕事上で関わる人との問題」です。そしてこの2つの問題は微妙に絡み合っていて，完全に切り離して解決することはできません。それは「仕事が上手くいかない時には，なんとなく職場の人間関係もギクシャクしている」「上司と性格的に会わないようで仕事に意欲が湧かない」「取引先のAさんはいつも威圧的な態度を取るので好感を持てない」などという言葉からもわかるように，人間関係は仕事に大きな影響を与えています。

　このような問題に出会ったら，感情的にならずに冷静に対処しようと誰もが思います。自分の感情の処理に大変な思いをします。「とにかく上司に合わせよう」「好きにならなきゃいけない」「我慢すればいいのだ」などさまざまな対処の仕方があると思いますが，これらは，その場では有効な対処方法となるかもしれませんが，いつでも，いつまでもとなると今度は自分自身を見失ってしまう恐れが出てくるでしょう。

　そこで，このような人と人の関わりについて起こる問題は「心」についての知識を活用して解決することが考えられます。私たちは一人ひとり違う存在です。同じ組織内でも同じ地域に生活していても，そして家族であっても，同じ人間はいないのです。頭で理屈はわかっていても，その違いをスンナリ受け止めることができない私たちかもしれません。心や心の働きについての知識を理解し，その手法を活用して円滑な人間関係を築き，積極的に仕事を遂行しましょう。

1. 自己理解と他者理解

「私のことをわかって欲しい」「上司は何を考えているのかさっぱりわからない」「あの人さえかわってくれたら」などと私たちは他者の気持ちを知りたい，物事が順調にいかない原因は「あの人」だと思っています。あの人がかわってくれたら，そうすると人間関係が上手くいく手立てがみつかりそうな気がします。ところで，私たちは自分のことをどの位知っているのでしょう。心の専門家たちは自分を知っている人ほど，他者についてもよく気づいているといっています。それでは，心理学のひとつ「交流分析[1)]」を活用して自分自身を理解してみましょう。

（1）自分を理解する（自己に気づく）

「あなたはどんな人ですか」という問いにどのように答えますか。人間は，自分について客観的にみる能力は非常に高度でこの能力こそが人間が他の生き物と違う部分です。それは自分の言動や思考や感情というものについてみつめ，考えることができるということです。自分自身は，自分のことをどのようにみているのでしょう。そのことを理解することが他者を理解することにも深く関わってきます。次のような状況であなたはどのような言動をとりますか？もちろんあなた自身の事情，対する相手，その場の状況によってかわることは当然です。このことからも変化する自分の心を自分自身が掴んでおく必要性を感じますね。そんなことを踏まえて次の質問に答えてください。

A．あなたは上司です。出かけようとしている部下へ一言。
　　ア：行き先をきちんといって外出しなさい
　　イ：ご苦労さん
　　ウ：戻る予定は何時ですか

エ：今夜はつきあえよ
オ：頼みたいことがあるが外出するのなら止めよう

B. あなたはお客様です。店員が購入した品物を包装してもってきました。
　　ア：「きちんと包んでくれた？」といいながら，よく包装を点検する
　　イ：「どうもありがとう」といって受け取る
　　ウ：包装するのに何分かかったかなと時計を確認する
　　エ：キャーかわいい！　オッ早い！　などと喜んだり感心したりする
　　オ：値札をはずしたか確認したいけど包んだ後なので諦める

C. あなたの友人が「授業を欠席したい」といっています。応えて一言。
　　ア：ダメよ！　そんな怠慢なことはよくないわ
　　イ：体の具合が悪いの，大丈夫
　　ウ：なぜ？
　　エ：イヤだ，寂しい！
　　オ：私も休みたいけど先生に悪いしね

　さて，いかがでしたか？各問いに5つずつの選択肢がありますが，迷いますね。それは私たちの心の働きが5つあるという証明になります。ここで注意しなければならないのは心の働きに，「良い」「悪い」「正しい」「誤っている」はないということです。この世の中に一人しかいない自分という存在が自分の心を働かせたのです。自分自身がその心の働きに驚きを感じることもあるでしょう。善もあれば悪もあるでしょう。このとき，自分の「目標」が明確であり，働いた心がその目標達成に有効か否かという判断はできます。いつも同じ心の働きが有効であるともいえないのは先に述べた相手や状況，そして何よりも自分自身も変化しているからです。この章では人間関係を円滑にすることを目標として考えています。あなたの「目標」ははっきりしていますか。仕事の作業

一つひとつの目標，組織の目標，3年，5年，10年後の目標，人生の目標をきちんともっていると，その達成に有効な心の働きを自身の体験から，ある程度判断できるようになるでしょう。

　たとえば，お客様との人間関係を円滑にすることが目標であれば，表情や仕草に親切な心の働きを表し「安心」を感じてもらうことが重要です。そこで親切な心の働きの表現を受けて相手が安心を感じているかどうか素早く鋭く感じ取ることが必要となります。相手が「安心」を感じないということもありますが，その場合は目標達成できないということになります。相手を「変な人」と思うかもしれませんね。お客様に対して，「私が安心を与える表現をしているのだから安心しなさい」と思っているのです。これは相手をかえようとしている思いです。交流分析では「他人と過去はかえられない。自分はかえようと思えばかえることはできる」といっています。5つの心の働きの中からひとつを使っただけですから，まだ4つ残っています。他の働きをためらわずに試して働かせてみましょう。

　人は誰でも生きている間に働かせやすい心を身に付けます。このことは後で詳しく述べますが，とくに同じような状況，場面になると「あっ！これは以前にもあったことだ」と以前働かせた心を繰り返し働かせて癖になり，そして性格の一部にしてしまうことがあります。過去に囚われず柔軟に5つの心を働かせたいものです。

　それでは，A，B，Cの状況からあなたが選んだア，イ，ウ，エ，オは下記のような心が働いたのですが，いかがですか。

① ア—CP：Controlling Parent

　道徳心，倫理観，正義感などの働きです。規則，ルールを守リ，模範的です。社会の秩序を維持する厳しさの働きです。他者から信頼を得る上で重要な働きです。状況や相手を冷静に把握しないと前述の目標に繋がらないマイナス面もあります。権威的な，偏見による批判，非難です。相手は見下されたように感じて，正しい行動に改めようと思ってもその力を出せないようになったり

第4章 人間関係

します。

　CPの働きが低い時には時間や金銭，規則にルーズで，きちんとした態度，言動が取れません。したがって他者から仕事を依頼されたりすることは少なく，注意や忠告をよく受けるようになります。

② イ—NP：Nurturing parent

　親切心，包容力，養育心などの働きです。思いやりをもって他者の世話をする，周囲への関心を怠らず温かい優しさの働きです。子どもを育てる，痛みをもっている人，弱い立場の人と接する上で重要な働きです。マイナス面は必要以上のお世話になって，相手の力を出させず他者に頼る人間を育てることになることもあります。

　NPの働きが低い時には周囲に関心をもたず，他者から頼まれごとがあっても引き受けようとしません。したがって冷たい感じがして周りから敬遠されがちになります。

③ ウ—A：Adult

　冷静心，計画性，客観性などの働きです。状況を冷静に把握し今，ここで，どのような心の働きを使うかを判断しています。自分の心は自分が決めています。「あの人の一言が私を怒らせた」と思いがちですが，実は「あの人の一言に私は怒りの心が働く」のです。そして働いた心が目標達成に適切でなければ，違う心を新たに働かせることができます。状況も人も自分自身も刻々と変化しています。過去にこだわらず，今，ここでの適切な心の働きをコントロールする上で重要な働きです。マイナス面は適切な働きが理解されていても理屈ばかりで優しさが適切と考えるばかりで実践に至らず，他者から不信感をもたれることにもなります。

　Aの働きが低い時には情報に疎く，場当たり的な行動を取りがちです。他の4つの働きのマイナス面はこの「A」が低い時にあらわれます。したがって適切な言動が取れず信頼感をもたれず，重要な仕事などの対応が困難です。

④ エ─FC：Free Child

　好奇心，創造力，積極性などの働きです。自分自身の気持ちを優先し行動するのびのびとした自由さの働きです。感性豊かに表現する上で重要な働きです。マイナス面は自分ばかりを優先させる自己中心的言動になりがちです。わがままで軽率な行動で周りに迷惑をかけることになります。

　FCの働きが低い時には，やる気が起きず萎縮していて自分が思うような言動を実践しません。したがって暗い印象を周りに与えてしまいます。

⑤ オ─AC：Adapted Child

　犠牲心，協調力，順応性などの働きです。自分自身の気持ちを抑制して周囲に迷惑をかけないように，波風を立てないように配慮する素直さの働きです。組織や団体で指示に従うなど，社会で生きていく上で重要な働きです。マイナス面は相手に依存的になり，つまらないことを遠慮したり，妥協したりして自分の意見を相手に伝えようとしないので，ギクシャクした人間関係になります。また，自分を抑えることばかりですと，我慢の反動が出て反抗的になります。

　ACの働きが低い時には，他者の意見に耳を貸そうとせず，頑固になりがちです。自己主張が強く独断専行になると結果がよくても周りから望む評価を得られません。したがって上位者からの評価も低くなり，達成感をもてないこともあります。

　自分自身の言動から自分の心の働きに気づき，気づいた自分自身の心の働きを否定したりせず，「私はこんな時にはこんな心が働くのだ」と，しっかり認め受け止めます。このままでは目標達成につながらないと考えた場合，自分をかえようと思えばかわることもできるのです。5つの心について説明しているとおり，全て重要な働きをもっています。そこで，目標に応じて臨機応変に働くよう，働きにくい心は意識して高めるようにしましょう。

　心の働きは言動に表現されます。言動とは外見，身だしなみ，表情，視線，

第4章　人間関係

態度，しぐさ，立ち居振舞い，話し方，語調，言葉などと考えてください。したりしなかったり，いったりいわなかったりすることです。自分自身あまり意識せず表現していることも多いですね。これからは意識して気づきを高くしておくと，大いに自分を理解することができるようになります。自分の言動は誰が一番よく見聞しているかというと他者であり，親しくしている人間です。身近な他者に自分についてのエゴグラム[2]を記入してもらうのも手段です。

　さて，かわろうと思えばかわることができるようになるために，5つの心の働きを高める方法を下記に示します。

（2）心の働きを高める

① CPを高める
・背筋を伸ばしきちんとした姿勢をとる
・自分の考えを明確にし，文字にする
・規則，ルール，約束など必ず守る
・意見交換で異論があれば妥協せず発言する

② NPを高める
・微笑みながら挨拶をしたり，声をかける
・人のよいところを見つける
・労いの言葉，励ましの言葉を発言する
・グループや団体でのお世話役を買って出る

③ Aを高める
・新聞の社説，コラムなどを読んで要約し，自分の考えをまとめる
・1日，1週間，1ヵ月，1年の計画を立てる
・相手の言動の背景，なぜそうするのかを考える
・仕事の手順表を作る

④ FCを高める
・仲間と冗談をいいあったり，楽しい話をする

- ・お笑い番組を観て大いに笑う
- ・自由な体操，ダンスなどで身体を動かす
- ・休日などに終日好きなことをして過ごす

⑤ ACを高める
- ・自分の都合を後回しにする
- ・他者に援助を受けるようにする
- ・まず，相手の話を聴いてから話す
- ・お詫びの言葉を多くつかう

　上記の内容に似たようなことがあれば積極的に実践してください。かわっていく自分自身を発見したら，言動と心がつながっていることを再認識することと思います。

　まず，自分自身に気づくこと，否定せずに認めること，自分自身を認めることができれば他者の心の働きにも気づくことが可能になります。そして相手の心の働きをも認めることができるようになります。まずは自分からです。

2. 相手の存在や価値を認める

　あなたが「おはようございます」と挨拶をします。ところが相手は気づかないのか返事がありません。あなたはどのような気持ちになりますか。「聞こえなかったのかな」「何かまずかったのかな」「気分が悪いのかな」「私にいいたいことがあるのかな」などと思い悩むことはありませんか。挨拶くらいでと思う方もあるかもしれませんが，このように悩むのが人間なのです。こちらから声をかけたのに相手から何の反応も得られないと人の心は不快感を感じるのです。この人の存在や価値への具体的な働きかけを「ストローク」といいます。先の事例からわかるように，人はストロークなしでは生きていけません。ストロークが不足すると，それらを手に入れるために人はいろいろなことをします。たとえば，「おはよう」の返事が欲しいと，もう一度声をかけるかもしれ

ません，「なぜ，返事をしないの」と問い詰めるかもしれません，「返事くらいしてよ」と嘆いたり，「耳が遠くなったね」と嫌味をいうかもしれません。人は，自分の存在を誰にも認められなかったり，価値を理解してもらえないままで何をすることもなく退屈な時間を過ごすことは大変な苦痛なのです。

(1) ストロークのいろいろ

　あなたはお客様がいらっしゃった時どのように迎えますか。スッと立ち上がり笑顔で「いらっしゃいませ」と歓迎の話し方ときちんとした態度でお辞儀をしますか。それとも仕事中なのだからと座ったままで「何の用？」という表情でお客様を見上げるだけですか。お客様が快感情を感じ，好印象をもつのは一般的に前者であることはわかりますね。前者の対応によりお客様は，「訪問した私の存在を認めている，丁寧な対応で私に価値があると伝えている」と感じているのではないでしょうか。後者も一応お客様が来社されたことを認めてはいますので前者同様ストロークは与えていますが，残念ながらお客様は不快感を感じていることも想像できます。このようにストロークは受け取る側が「快」を感じるプラスストロークと「不快」を感じるマイナスストロークがあります。そして，ストロークもやはり「良い」「悪い」「正しい」「誤り」はなく，目標に対して有効か否かの判断はできます。たとえば，注意を与える時に不快感を与えるのは良くないからと笑いながらいったのでは正しく相手に伝わらないでしょう。「不快」が悪いとはいえないのです。

　快を感じるプラスストロークにも不快を感じるマイナスストロークにも身体に直接触れて相手の存在を認めるストロークを身体的ストローク，言葉とその話し方，表情，態度で伝えるストロークを心理的ストロークといいます。先の事例ですと，握手をしたり肩をたたいたりという身体の直接的なふれあいはないので心理的ストロークといえます。

	プラスストローク	マイナスストローク
身体的	・肩をたたいて労う ・握手をしながら歓迎する ・拍手をして誉める ・抱きしめてかわいがる ・頭をなでて慰める ・背中をさすって見守る	・頬を打って叱る ・頭をたたいて怒る ・罰としてお尻をたたく ・背中をつついて呼ぶ ・立腹して身体を突き飛ばす ・手をつねって不満を表す
心理的	・笑顔で挨拶をする ・「素晴らしい」と誉める ・「ありがとうございます」とお礼を伝える ・「しっかり」と励ます ・「顔色がよいですね」と快復を喜ぶ	・眉間に皺を寄せてにらむ ・「こら，いいかげんにしろ」と怒鳴る ・「○○ということはよくない，止めなさい」と叱る ・「おい」と見下して呼ぶ ・「勉強しなさい」と叫ぶ

ストロークにはこの他，条件付きと無条件の分類の仕方があります。受け取る理由がはっきりしている場合は条件付きです。無条件は存在そのものに与えるものですから，プラスストロークは受け取って自分の生命そのものに喜びを感じますが，マイナスストロークが与えられると人格そのものが否定されたと感じます。マイナスストロークを受ける理由がわからず，悩んでいる人へは条件付きのマイナスストロークを出すようにしましょう。

(2) **ストロークの与え方，受け方**

ストロークの種類について説明しましたが，あなたの与えるストロークや受けるストロークにはどのようなものがありますか。プラスですか，マイナスですか。身体的ですか，心理的ですか。下記の状況でどのようなストロークを与えたり受けたりするかを答えて下さい。

第4章　人間関係

A．あなたは会社員です。朝，会社に出勤し上司の姿をみつけました。

・あなたのストローク
　身体的ストローク（　　　　　　　　　　　　　　　　　　　　）
　心理的ストローク：言葉（　　　　　　　　　　　　　　　　　）
　　　　　　　　　　話し方（　　　　　　　　　　　　　　　　）
　　　　　　　　　　表情（　　　　　　　　　　　　　　　　　）
　　　　　　　　　　態度（　　　　　　　　　　　　　　　　　）

・上司のストローク
　身体的ストローク（　　　　　　　　　　　　　　　　　　　　）
　心理的ストローク：言葉（　　　　　　　　　　　　　　　　　）
　　　　　　　　　　話し方（　　　　　　　　　　　　　　　　）
　　　　　　　　　　表情（　　　　　　　　　　　　　　　　　）
　　　　　　　　　　態度（　　　　　　　　　　　　　　　　　）

B．あなたはミスを犯しました。上司があなたの名を呼びました。

・上司のストローク
　身体的ストローク（　　　　　　　　　　　　　　　　　　　　）
　心理的ストローク：言葉（　　　　　　　　　　　　　　　　　）
　　　　　　　　　　話し方（　　　　　　　　　　　　　　　　）
　　　　　　　　　　表情（　　　　　　　　　　　　　　　　　）
　　　　　　　　　　態度（　　　　　　　　　　　　　　　　　）

・あなたのストローク
　身体的ストローク（　　　　　　　　　　　　　　　　　　　　）
　心理的ストローク：言葉（　　　　　　　　　　　　　　　　　）
　　　　　　　　　　話し方（　　　　　　　　　　　　　　　　）
　　　　　　　　　　表情（　　　　　　　　　　　　　　　　　）
　　　　　　　　　　態度（　　　　　　　　　　　　　　　　　）

c．お客様が通路で迷っていらっしゃる様子です。そこへあなたがとおりかかりました。
・あなたのストローク
　身体的ストローク（　　　　　　　　　　　　　　　　　　　　　）
　心理的ストローク：言葉（　　　　　　　　　　　　　　　　　　）
　　　　　　　　　　話し方（　　　　　　　　　　　　　　　　　）
　　　　　　　　　　表情（　　　　　　　　　　　　　　　　　　）
　　　　　　　　　　態度（　　　　　　　　　　　　　　　　　　）
・お客様のストローク
　身体的ストローク（　　　　　　　　　　　　　　　　　　　　　）
　心理的ストローク：言葉（　　　　　　　　　　　　　　　　　　）
　　　　　　　　　　話し方（　　　　　　　　　　　　　　　　　）
　　　　　　　　　　表情（　　　　　　　　　　　　　　　　　　）

　自分自身のストロークの与え方，受け方に気づいておくことも重要です。ここにも人により違いがあり，癖をもっていることもあります。「快」を感じて欲しいと思って誉めても，お世辞をいっているという人もいるでしょう。笑顔を投げかけても「私をバカにしている」などと思う人もいないとはいえません。癖はこれまでに何度も繰り返したうえで身に付いたものですから，新しい癖を身に付ける気持ちで最初は馴染めないかもしれませんが，ビジネスで円滑に人間関係を築いていくことを目標に，朝，顔を洗うことをよほどのことがない限り忘れる人がいないように勇気をもって繰り返して身に付けましょう。

(3) ストローク不足の解決
　人はストロークなしでは生きていけないと述べました。ですが，学生のあなたも社会人のあなたも最近プラスストロークは受け取りましたか。時間どおりに登校，出勤しても飛び上がってまで喜んでくれる人はいないでしょう。当然

の行動として受け取られます。帰宅しても同様かもしれません。こうして考えてもプラスストロークはなかなかですね。さて，このような状況が続くと私たちはストローク不足になってきます。できればマイナスストロークは受け取りたくないので，注意して行動していますが，下記の状況で，あなたはどのような行動をとるか答えて下さい。

A．あなたは幼い子どもです。お母さんとデパートにあなたの服を買いに出かけました。デパートに入り，子供服売り場に着きました。さあ，選ぼうとしたその時です。お母さんの同級生とばったり出会いました。お母さんは「久し振り！」ととても喜んでいる様子で話が弾みます。なかなか終わる様子ではありません。「ここで立ち話も疲れるから喫茶店に」と聞こえてきました。

・あなたの行動（　　　　　　　　　　　　　　　　　　　　　　　　）

　あなたの行動はお母さんにとってプラスストロークでしょうか，マイナスストロークでしょうか。多くの場合，お母さんに「不快」な思いをさせたくないと意識しているのですが，意識とは裏腹にマイナスストロークを与えてしまいます。なぜならば，この場合のお母さんにとってのプラスストロークはいい子でじっと我慢して笑顔でニコニコ待っている行動となるのでしょうが，これではいつまでも自分の服は買えないどころか，今日は服を買うのは止めましょうとなってしまうかもしれないと思ってしまいます。つまり，子どもへのストロークが不足して，ストローク飢餓という状況になっているのです。人は「自分に関心をもってもらいたい」生き物です。そのためには早くストローク不足を解消できる，相手を不快にする方法をとるのが人間です。そのような特徴をもっています。

(4) ストローク不足の方の対応

　この特徴を理解した皆さんは，つい，相手を不快にするストロークを与えそうになったら，ストローク不足ではと気づいてください。相手を不快にする身だしなみ，表情，態度，言葉遣い，話し方，行動などなどです。まずは，相手が「快」なのか「不快」なのかに気づかなければなりませんね。

　また，職場でも，お客様応対でも相手から不快に感じる行動を受けたら，相手はストローク不足なのではと考えてみてください。次のような状況であなたはどのようなストロークを与えますか。答えて下さい。

A．上司へ朝の挨拶をしたが返事がないのでもう一度すると「何度もうるさいね」と返ってきた。
　・あなたのストローク（言葉，話し方，表情，態度など）

B．あなたはレストランのスタッフです。注文の品をテーブルに運んで「お待たせしました」といったら，「遅い！」とお客様が怒って仰いました。
　・あなたのストローク（言葉，話し方，表情，態度など）

　相手はストローク不足を解消できるでしょうか。実際の場面ではないので確実なことはいえませんが，考えておけば，いざというときに慌てず活用することが可能です。円滑な人間関係ということも目標がかわれば円滑のあり方がかわります。組織としてどのような目標があるのか，自分自身の目標設定はどうかを把握しておきましょう。

3. 心の働き癖

　人は誰でも生きている間に働かせやすい心を身に付けると述べました。たとえば，「どのような場合でもNPが働きやすいので，批判したいと思っても，

つい遠慮してしまう」や「誉められたり，手厚いもてなしを受けたりするとつい，断ってしまう」など，自分自身の思いとは違う言動を取ってしまうこともあります。人間は不思議なもので自分という人間さえも自由に操作することはむずかしいようです。このようなことを体験しているならば，この状況は自分自身の変化の第一歩ということができます。それは自分に気づいているということです。変化の第一歩は現状を認めることがスタートです。「そんなことはない」「たまたま批判できなかった」「生まれつき誉められるのは苦手だ」などと，自身の心の決定を認めない，他者の影響だと，終始して自分自身が心の働き，しいては言動の決定者であるにも関わらず否定していると，自分が自分を否定することとなり，自分へのノーストローク状態となり，ストローク不足を生みます。

（1）人は共によりよく生きる本質をもっている

　私たちは，幼い子どもであったときにも，大人に成りきれていないときにも，「共によりよく生きる」という本質をもって生きています。子ども時代は正しい情報や理解力が乏しいので，その判断が難しく親や，大人に任せます。つまり，親や大人が「それでよい」や「よくできた」などの「OK」の判断を下した時，自分の言動に対して確信できています。そこで親や大人が「ダメ」や「困った」「嬉しくない」などの「Not OK」を下した場合，子どもは自分自身が否定されたと感じて「OK」を受け取るためにいろいろなことを試みることがあります。たとえば，友達とけんかをして泣きながら家に帰ると，母親が「泣き虫ねー」と不機嫌そうな口調と表情である。そこで子どもはこのままでは母親に認めてもらえない，受け入れてもらえないと思い，精一杯考えて「泣くのを止めて笑うといいのだ」と自分を無理にかえて「OK」を受け取ろうとする，また，「泣き虫じゃない」と怒って相手に「Not OK」を与えて自分が感じている「Not OK」を少しでも減らすなどして共によりよく生きようとします。社会をよく知らない，正しい判断力をもたない幼い子どもながら精一杯考

えた上での行動なので,「子ども時代にまずいことをした」などと考える必要はありません。ただ,その方法は大人になった今,社会人となって情報や知識をもち,判断力も身についた今,子どもの時の親に受け入れてもらうための方法で対応している自分ではないかどうか気づく必要があります。この子供時代の方法を気づかずに使っていることを「心の働き癖」ということができます。

(2) 心の働き癖に気づく
　次の状況であなたはどのような対応を取りますか。共によりよく生きる(OK—OK)の対応になりますか。

A. 会議で議長があなたを指名して「意見を」といいます。あいにく質問の意味がわからないまま誰かが何か意見を出せばわかるだろうと考えていたので何をいおうかと慌てているあなたです。
　・あなたの言葉「　　　　　　　　　　　　　　　　　　　　　　　　　」
　・必要な条件

B. 会社であなたの部署の電話が鳴り,社名を丁寧に名乗って電話に出ると商品を送った会社の担当者は,「お宅—,商品がこんなことじゃ困るねー」となじるような口調で話し始めました。あなたは担当ではないので詳しいことはわかりません。
　・あなたの言葉「　　　　　　　　　　　　　　　　　　　　　　　　　」
　・必要な条件

　大人としてのあなたの対応ができましたか。その対応のために必要な情報や知識はどのようなことですか。職場の仲間や上司とは日常どのようなことを話し合っておかなければならないのか新たな問題点も浮かび上がってきたのではないでしょうか。

問題に出会って「私に関係がないこと」や「私ばかりになぜ」と問題解決につながらないことを考えて時間を費やすよりも，この世に一人しか存在しない自分の能力を精一杯使って解決に取り組むために時を過ごすのはどれだけ充実していることでしょう。そして，上手く解決できれば，達成感も得られて一層充実感も増すことでしょう。

注
1) 交流分析とはアメリカの精神科医エリック・バーン博士（1910〜1970）が開発した精神療法＝Transactiorial Analysisの和訳である。特に本書で紹介している内容は医療面に立ち入らないノンクリニカルの分野である。
2) エゴグラムとは交流分析で自分自身の心の働きを5つに分けてどのような状態であるかに気づく方法である。エリック・バーンの高弟＝ジョン・デュセイ博士（1935〜）が創案した。

第5章
ビジネスマナー

　会社組織になると，契約社員や正社員など多くの人びとが働き，年齢層にも幅があります。また，縦社会の階層であり，一般社員から経営層まで分かれ，職能もライン部門とスタッフ部門とに分かれています。学生時代は，主として横社会の関係で気の合う仲間と好きなことを自由にやることができたかもしれませんが，ビジネス社会に入ると気ままにはできないのです。

　仕事を遂行していくうえで，業務知識や商品知識を覚えるのは当然のことですが，社会人としてのマインドや行動がともなわなければいけません。会社を代表して，多くの人とコミュニケーションを図る機会があります。その際にこれらのことをわきまえていなければ，仕事ができるとはいえないのです。

　ビジネスの場では，いろいろと複雑な対応を迫られることが，矢継ぎ早に出てきます。ビジネスマナーの基本を忠実に学び，ひとつのことから派生してくる問題をいかに対応していくか，臨機応変に問題解決ができる応用力が必要になります。

　机上の知識だけではなく，実際にマナーを身につけることが，ビジネス社会では急務になります。

　ビジネスマナーを身につけることにより，会社における複雑な人間関係のなかで，スムーズに仕事を進めることができるのです。そして，学生時代の常識は，社会人としての非常識になることが多々あることを肝に命ずるべきです。

　この章では，社会人としてどのような心構えや行動が必要なのか，どのように対応していけばよいのかを考えてみます。

1. 接遇応対・訪問のマナー

（1）接遇応対
1）接遇応対の心構え

　会社では多くの客が出入りしており，その来客と最初に会うのが受付なのです。会社を代表して来客と接する受付は，社内と社外のパイプ役を担っています。近年の日本経済において，倒産やリストラが続出している中，各会社は厳しい経営状況の中にあります。その中で専門の受付だけを採用している会社は，そう多くはないかもしれません。受付と他の仕事とを兼務していることが往々にしてあります。また，各部署で受付係りが決められていない場合があります。このような場合，来客に気づいた社員は誰もが受付の役割を果たさなければいけません。社員全員が受付の役割も担っているという意識が必要です。来客に対しては，公平で誠意ある応対を心がけます。

2）接遇応対者に求められる資質
　① 明朗・素直でユーモアが解せる（明朗性）
　② 来客の意見や話を肯定的に受け止められる（素直・洞察力）
　③ 接遇者らしい心配りができる（誠実性・協調性・気づき）
　④ どのような来客にも，懇切丁寧に応対できる（誠実性）
　⑤ 話し方に感情が込められている（感謝）
　⑥ 是非・適否などの判断が的確で独断的でない（判断力）
　⑦ 理解してもらえないときでも，我慢強く対応できる（忍耐力）
　⑧ 来客の顔と名前を覚えるのが得意（記憶力）
　⑨ 感情のコントロールができる（自制心）
　⑩ 他人に好感を与える（身だしなみ・礼儀・言葉遣い）

3）接遇応対の準備

| 応接室の整備 |⇒| 花・額・装飾品の手入れ，コートかけ・傘置きの用意，空調・照明・臭いのチェック，灰皿の用意，使用する備品の用意（ホワイトボードなど）
| 応接室の準備 |⇒| 予約しているか（予約がある場合），スケジュールの把握，来客および社内側の人数の把握書類，資料，封筒の準備
| 茶菓の用意 |⇒| お茶の準備はできているか（茶葉，湯飲み，布巾など），来客により，飲み物の嗜好

4）受付・取り次ぎ

名刺は両手で受け会社名と名前の確認をします。読み方がわからない場合は読み方を聞きます「申し訳ありませんが，お名前はどのようにお読みするのでしょうか」と読み方の確認をします。

| 予約がある |⇒| お待ちいたしておりました（応接室へご案内）
| （アポイント） | | （事前に応接室や会議室の予約）名指人へ取り次ぐ
| 予約があり遅刻 |⇒| 承っております（応接室へご案内）名指人へ取り次ぐ
| 予約がない |⇒| 名指人が在席していても，在・不在は告げないで，名指人の意向を聞く。来客の会社名，名前，自社の誰に会いたいのかを聞き，迅速・正確に取り次ぎます

名指人がいるか，いないかは即答しないで，名指人に確認してから，その指示に従います

| 一時に大勢の客 |⇒| 到着順に受け付ける（公平に）。椅子をすすめる。間違わないように「〇〇様でございますね」と確認をとりながら受付をする

5）案内

| 廊下の案内 |⇒| 来客の左右いずれかの斜め前2〜3歩をリードして案内

し，安全な側を来客に歩いてもらう

|エレベータに乗る時|⇒　少人数の場合は，来客が乗り，案内人が乗る

多人数の場合は，案内人が乗り，「開」を押して，来客が乗り込むのを待つ

|エレベータを降りる時|⇒　来客が降りるまで「開」の操作ボタンを押し，来客が降りるのを待って，案内人は降りる

|応　接　室|⇒　入室の際はノックをして，内開きのドアの場合は先に入る

外開きのドアは来客に先に入ってもらい上座をすすめる

図表 5-1　応接室の席順

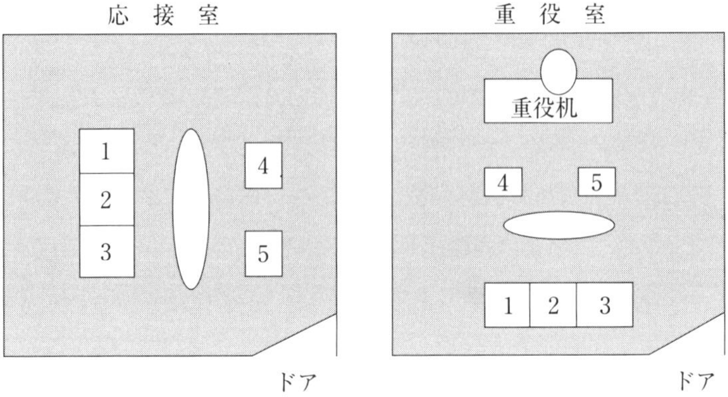

応　接　室　　　　　　　　　重　役　室

（応接室：1・2・3が左側、4・5が右側、ドア）
（重役室：重役机が上、4・5が中、1・2・3が下、ドア）

6）お茶出し

　お茶出しは女性の仕事として認識されてきましたが，人件費のコスト意識がシビアになり，最近は給茶機を導入し，湯飲みではなく紙コップを使用する会社も目立つようになりました。

　しかし，ビジネスを円滑にする意味では，来客にお茶を出すことは大事な仕事のひとつであり，季節に応じた一服のお茶で来客の心を和ませることになります。ただ単にお茶を入れるのではなく，気配りのあるお茶の出し方は，味も香りも数段の違いが分かり，来客にもその心は伝わるものです。

第5章 ビジネスマナー

美味しいお茶の入れ方は、一度沸騰したお湯をそれぞれの茶の種類により適温と適した蒸らし時間にあります。

玉露は、50～60℃で2～2分半、煎茶は70～90℃で1～2分、番茶は100℃で30秒、茶葉は、3人前で大さじ1杯（茶さじ3杯）。

湯飲みと急須は、湯を入れ温める。湯を捨て、急須に茶葉と適温の湯を注ぐ。それぞれの濃さが均一になるよう2、3回に分けて湯飲みに注ぐ。最後の一滴にまで旨味があります。

茶菓の出し方の注意点をあげてみると、以下のとおりです。

① 服装を整え、手を清潔にする。
② 湯飲みの口が欠けていないか、ひびが入っていないか、茶渋などで汚れていないかのチェック。
③ 茶の種類（玉露・煎茶・番茶）により、量、湯加減の確認。湯飲み七分目。
④ 茶托と湯飲みの底は拭いてぬらさないように、運ぶときは布巾の用意。
⑤ お盆は胸の高さに持ち、応接室のドアはノックをして入室する。
⑥ お盆はサイドテーブルかテーブルの下手に置き、両手で茶托を持ち、出す（一組ずつ、茶托の上に茶碗をのせ、茶托の木目は横になるようにする）。
⑦ 来客の上位者から出す（お茶菓子がある場合は、菓子から先に左側に出す）。
⑧ 湯飲みや茶托の絵柄が来客の正面にくるように出す。会釈をして退室。

7）見送り

面談が終わると来客を見送ります。相手の立場によっては（応接室の前・エレベータの前・玄関・車）見送ることがあります。来客の手荷物は、見送る側が持ち帰り際に手渡すと、より丁寧になります。

|エレベータ前| ⇒ ドアが閉まる時にお辞儀（動き出すまで姿勢を保つ）
|車まで見送る| ⇒ 上司の後方からお辞儀（車が動き出すまで姿勢を保つ）

（2）他社訪問

　他社を訪問する際は，新人といえども会社を代表して訪問しているという自覚をもって行動することが大切です。他社を訪問することは，相手の貴重な時間を割いて会ってもらうことなのです。貴重な時間です。電話，FAXやEメールで済む用件なのかどうかの適切な判断が必要になります。

　直接訪問しなければいけない仕事もあります。しかし，思い立ったらすぐに訪問するというわけには行きません。ビジネスでは相手に会っていただくにはアポイントメントをとるのがルールです。

　突然に訪問しても，相手にも予定があります。不在や会議中であれば，無駄足になります。事前に電話を入れ，相手の予定を確認した上で訪問日時を決めた方が，合理的です。

１）事前準備
① アポイントメント（約束をとる）

　アポイントメントをとる際，相手を優先させることが大切です。訪問する目的，日時，面談の所要時間，同行者の人数などについて，予め電話で伝え了承を得ます。アポイントメントから訪問日まで時間がある場合は，前日または当日の朝，再度確認の電話を入れておくと間違わなくてすみます。もし，変更しなければいけない場合は，分かった時点で即，相手に連絡をとり，お詫びと変更の理由を述べ，別の日程を決めます。なお，年末年始や転勤の挨拶などのように，短時間で終わる場合，アポイントメントの必要はありません。

　また，セールスの場合は事前にアポイントメントを取りにくく，かえって取らない方が良い結果に結びつく場合もあります。飛び込みで訪問した際は，お詫びと感謝の気持ちを現します。

② 面談の準備

　初めて行く訪問先は，事業内容，経営方針，経営理念，主な取引先，取引銀行，新規事業内容，所在地，面談者，交通の便，所要時間などを確認します。

また，自社のカタログ，資料，企画書，名刺などは事前に準備をしておき，自社の商品知識を覚えておく必要があります。余裕時間を見込んで綿密な計画を立てます。

２）訪問の仕方

　訪問する際は，予定表に行き先，帰社予定時間を記入し，上司に報告して出かけます。訪問先で気に入られるかどうかは，第一印象で，その後の展開が大きく左右されます。

① 身だしなみ

　会社を代表して訪問するわけですからイメージダウンにならないようにします。清潔でフケのない髪，プレスされているワイシャツ・ズボン，磨かれた靴，爪が伸びていないか，名刺入れは古びていないか，女性であればスーツは派手過ぎないかなどのチェックが必要です。

② 受付での対応

　時 間 厳 守⇒　約束時間５分前には受付に到着するようにします。万一，事故などで遅れるような場合は，遅くなる理由を連絡します。

　コート類⇒　会社に入る前に，コートやマフラーなどは脱ぎます。

　取次ぎ依頼⇒　受付で自分を名乗り名刺を出します。会社名，氏名，訪問相手の部署，役職，名前，用件，アポの有無などを伝えて取り次いでもらいます。

③ 応接室

　応 接 室⇒　案内されたら，下座に座る。最初から案内されないのに上座には座らないほうが無難です。

　相手が現れたら⇒　椅子から立ち上がり丁寧に挨拶をします。

　紹介の仕方⇒　目下の人・年下の人　→　目上の人・年長者

　　　　　　　　社内の人　→　社外の人，社内で役職が下　→　社内で役職が上

名 刺 交 換 ⇒	立ち上がり，訪問した方から名乗り名刺は両手で出します。交換する相手が複数の時は，地位が高い人から順に交換する。テーブルの上に置き，名前を覚えてから名刺入れに納めます。
手 荷 物 ⇒	カバンはテーブルやソファの上には置かない。ソファの側面に置くか足元に置きます。コート類は畳んでソファの隅に置きます。
喫 煙 ⇒	時と場所と状況をわきまえて，相手が不快に感じるような吸い方はよくありません。相手がタバコを吸わないのであれば，なるべく吸わないようにした方が無難です。
車 の 席 順 ⇒	運転手付き→①運転手の後方，②後方の反対側，③中央，④助手席側 接待者運転→①接待者横，②接待者の後方，③後方の反対側，④中央 車内の席順は，車種や停車の位置，方向と途中下車の有無などにより，原則どおりにはいきませんので臨機応変に対応しましょう。

3）訪問の締めくくり

退 席 ⇒	面談者に貴重な時間を費やしてもらった感謝の意を述べます。
上司へ報告 ⇒	訪問した結果を上司に報告。口頭で報告する場合と文書による報告があります。
名 刺 整 理 ⇒	日時，場所，用件，特徴を書き込む（次回訪問に向け）。

図表 5-2 受付応対

事　例	態　度	要　点
来客を受付けた場合	すぐに椅子から立ち上がり「いらっしゃいませ」	挨拶（30°）
名刺を受けた場合	「○○株式会社の○○様でございますね」「○○に連絡いたしますので少々お待ちください」	胸の位置で受ける
名刺の読み方が分からない場合	「恐れ入りますが、お名前は何とお読みすればよろしいのでしょうか」	両手で丁寧に受け名前の復唱
名乗らない場合	「恐れ入りますが、どちら様でしょうか」	失礼がないように
名指ししない場合	内容を聞き最適な課に連絡をとる「○○課の○○がお目にかかりますので、そちらへお越しください」	来客をたらいまわしにしない
用件を聞く	「恐れ入りますが、どのようなご用件でございますか」	
用件を聞いた場合	「○○の件でございますね、担当に連絡いたしますので、少々お待ち下さい」	
担当者がすぐに会える場合	「大変お待たせいたしました、○○応接室へご案内いたします。どうぞ、こちらでございます」	
待ってもらう場合	「お待たせいたしました。あいにく○○は会議中でございます。後○○分で終わる予定でございます。いかがいたしましょうか」	
了解を得た場合	「○○応接室へご案内いたします。どうぞ、こちらでございます」	お茶や新聞を出す
アポイントがある場合	「○○様でございますね。お待ちいたしておりました。応接室へご案内いたします」	事前連絡の徹底
（遅刻してきた場合）	「○○様でございますね。承っております。応接室へご案内いたします。どうぞ、こちらでございます」	遅刻に対し負担を感じさせない
断る場合	「大変申し訳ございません。あいにく○○は外出しております。代わりの者ではいかがでしょうか」	誠意をもって謝る　不在の理由をいう
（戻る時間が把握）	「○○時には、戻る予定になっております。いかがいたしましょうか」	
（会議中）	「折角お越しいただきましたのに、あいにく○○は緊急の会議中でございまして、しばらく時間がかかるかと存じます。よろしければ、ご用件を承りこちらからお電話をさしあげましょうか」	誠意をもって謝る
（居留守）	「折角お越しいただきましたのに、あいにく○○は外出いたしております。今日は数カ所、出先をまわり、そのまま帰宅すると申しておりました」「お越しくださいましたことを、申し伝えておきます。誠に申し訳ございませんでした」	誠意をもって謝る
（代わりに用件を聞く）	「私○○課○○と申します。おさしつかえなければ、ご用件を承りましょうか」「よろしければ代わりの者にご用件を承らせましょうか」	

2. 敬　語

　敬語については，学校で習い，ある程度の知識はもっていても，適材適所に使いこなせているかというと自信がないという人が少なくありません。社会人となり，組織の一員として戦力となるためには敬語に早く慣れ，相手や状況に応じた会話ができるよう日頃から意識して使うことが必要です。

　新人にとって，ほとんどすべての方が上位者ですから敬語を用い対応することを要求されます。敬語を学生の時から身に付けておくことは大きな力となるでしょう。目上の方，お客様，上司など，新人からは当然敬語を使われると思っている方々にとって，敬語が使えなかったり，誤った使い方をする新人は不快感を生み，コミュニケーションが滞ることになります。

　「相手を尊敬している」ことが言葉を変換することによって伝えられる素晴らしい手法を使いこなして，コミュニケーションをより円滑にし，信頼される人間関係を築きましょう。

（1）敬語の基本
1）丁寧語

　文章全体の身なりを整える言葉遣いということができます。物事を丁寧に表現するときに丁寧語を用います。聞き手や読み手に対して敬意を表します。

- 文章の末尾—「です」「ます」「ございます」
- 敬称—「さん」「様」
- 相手の同伴者—「お連れ様」「お連れの方」
- 人数—「お二人様」「お二方」「二名様」
- 役職名—そのものが敬称
- 自分，自分側—「わたし」「わたくし」「わたくしども」
- 「お」「ご」—「お考え」「ご意見」「お住まい」「ご住所」

2）尊敬語

敬意を抱く相手の言動を高めて表現し，敬意を伝える。

・動詞＋れる・られる―「行かれる」「食べられる」
・お～になる・ご～になる―「お出かけになる」「ご出発になる」
・言葉の変換―「行く」⇒「いらっしゃる」

「れる」「られる」は受身や可能の意味にも使われるので尊敬を明瞭にする場

図表5‑3　言葉の変換の例

	丁寧語	尊敬語	謙譲語
言う	言います	おっしゃいます	申します 申し上げます
行く	行きます	いらっしゃいます	伺います，参ります
来る	来ます	いらっしゃいます お越しになります お見えになります	伺います，参ります
見る	見ます	ご覧になります	拝見いたします
聞く	聞きます	お聞きになります	お聞きいたします 拝聴いたします
書く	書きます	お書きになります	お書きいたします
話す	話します	お話になります	お話いたします
持つ	持ちます	お持ちになります	お持ちいたします
食べる	食べます	召し上がります お召し上がりになります	いただきます
いる	います	いらっしゃいます	おります
する	します	されます，なさいます	いたします
会う	会います	お会いになります	お目にかかります お会いいたします
もらう	もらいます	お受け取りになります	いただきます
知っている	知っています	ご存知でいらっしゃいます	存じております 存じ上げております

合「お〜になる」「ご〜になる」「言葉の変換」を用いる

3）謙譲語
　敬意を抱く相手に自分，自分側の言動を低めて表現し，敬意を伝える。
　　　・お〜する（いたす）・ご〜する（いたす）―「お知らせします」
　　　　　　　　　　　　　　　　　　　　　　　　「ご連絡いたします」
　　　・言葉の変換―「行く」⇒「参る」「伺う」
　尊敬，謙譲の末尾は丁寧語を用いています。

（2）敬語の応用
　社会人としての敬語の基本は理解できたと思います。そこで，いろいろな場面で適切な言葉を選択し活用していくために，あなた自身の心を働かせながら言葉を組み立てましょう。ビジネスで使われる言葉にもいろいろな工夫がされています。

1）クッション言葉
　相手に何かお願いをするとき，相手の意に反するときに言葉の前に添える。
　・恐れ入りますが　　　　　　　・あいにくではございますが
　　　　　　　　　　　　　　　　・せっかくではございますが
　・申し訳ございませんが　　　　・ご迷惑をおかけいたしますが
　・お手数をおかけいたしますが　・お急ぎのところ申し訳ございませんが

2）否定形を肯定形に変える
　「できない」「わからない」など相手の意向に添えない場合の否定形の言葉をなるべく肯定形で少しでも相手の意向に応えられるような考えをもって言葉にすること。
　　　・「できません」⇒「申し訳ございません，いたしかねます」

できるところまでの提案や他の代案を添える
- 「わかりません」⇒「恐れ入りますが，私ではわかりかねますので詳しい者と替わります（お調べいたします）」
- 「いません」⇒「申し訳ございません，只今○○は席をはずして（外出して）おります」

3）命令のように感じる形をお願いの形に変える

相手に何かお願いする際に受け取り方によっては命令をされたように感じることがあります。そこで，少し柔らかく表現することを心がけ，お願いの言葉を用います。
- 「座ってください」⇒「お座りいただけますでしょうか」
- 「待ってください」⇒「お待ちいただけませんか」
- 「タバコは吸わないで下さい」⇒「おタバコは喫煙室でお願いいたします」

4）状況に応じて会話を組み立てる

例）上司の古賀課長に出かけることを伝える

（古賀課長，失礼いたします。○○へ出かけて参ります。○時頃戻ります）

※執務中の上司へ呼びかけるときの言葉は「失礼いたします」で始まり，ビジネスにおける時間管理意識，行き先，用件など簡潔に要領よく伝えます。

以下の時，あなたならどう伝えますか。

① 事故で出社が遅れることを伝える。
（　　　　　　　　　　　　　　　　　　　　　　　　　　　）
② 山田部長から古賀課長に「新商品のことで相談があるので来るように」と伝言を受けたので伝える。
（　　　　　　　　　　　　　　　　　　　　　　　　　　　）
③ アポイントなしで訪問したところ，アポイントの有無を尋ねられた。できるだけ取り次いでもらえるように伝える。

(　　　　　　　　　　　　　　　　　　　　　　　　　　　　　)

④ 訪問先で担当者が不在なので戻ったら電話をくれるように伝える。
(　　　　　　　　　　　　　　　　　　　　　　　　　　　　　)

⑤ 会社に田中という女性と男性の2人がいる。「田中さんをお願いします」という相手を取り次ぐ。
(　　　　　　　　　　　　　　　　　　　　　　　　　　　　　)

⑥ 古賀課長の留守中に打ち合わせの時間変更の電話が入った。「13時を15時に」との伝言を確認する。
(　　　　　　　　　　　　　　　　　　　　　　　　　　　　　)

　若い人たちの間では言葉を短縮したり，目上の人にも友達のような言葉を用いたり，アクセントをフラットにして意味不明の言葉にしたりと，仲間意識を確認しあっているかのようにみえるところがあります。

　ビジネスでは，上記のようなことは，お客様や上司を不快にして怒らせたり，コミュニケーションが上手くいかなくなります。話し方，語調，アクセントなどにも注意して敬語を活用しましょう。

3. 電話応対

　電話がビジネス社会で不可欠のコミュニケーションツールであることはよく知られています。電話に関連するさまざまな機器類は日進月歩でより便利により高性能に改善されていますが，一部を除いてかわらないことは，「電話は相手の姿が見えない応対である」ことです。プライベートでは携帯電話を活用して顔を見ながらの電話が実現していますが，限度があります。

　電話応対のさまざまな基本ルールはむずかしいものではありません。ところがその基本も実践となるときちんとした仕事意識，目標認識が必要になります。電話をなぜ使うのか。感じのよい電話応対をして，どうしたいのか。それはあなたという人柄が電話を通して相手に伝わるからです。顔が見えないから

誰が電話に出ても同じだと考えがちですが、大きな誤りです。「電話応対の方の感じが良かったので買う気になりました」や逆に、「こんな不愉快な電話応対をするなんて、もうこの店には行かない」ということもあります。

人は良いところばかりではありません。欠点もありますし、自分自身がいつも安定した穏やかな状態であることも大変むずかしいものです。そこで、電話に向かったら自分の良いところを活かして、相手の方が「快」を感じるような応対をしようと決心してください。「はい、〇〇会社でございます」「ありがとうございます」の名乗りや挨拶は明るく、元気な会社という印象にしよう！という気持ちで応対します。電話は玄関です。印象を決めます。その後の会話にとても影響を与えます。

では、ビジネスにおける電話応対の基本をご紹介します。

（1）発信（電話をかける）

電話を受ける場合は相手が誰であるか電話機に表示機能があるとわかります。しかしかける場合は相手も用件もわかっていますので、きちんと準備をすることができます。相手の時間を無駄にしないように、伝えるべき内容・予想される相手の反応・必要な資料など、そしてかけるあなたの心の準備を忘れないようにしましょう。

準備をする	相手の電話番号、会社名、部署名、氏名の確認 用件、資料、メモ
かける	
挨拶と名乗り	「おはようございます、〇〇会社の〇〇でございます」 「いつもお世話になっております」
取次ぎを依頼	「恐れ入りますが〇〇課の〇〇様はいらっしゃいますか」
概要を伝え 都合を問う	※名指人が出たら再度挨拶と名乗り 「〇〇の件でお電話いたしました。今ご都合はよろしいですか」

※名指人が不在の場合も考えておく

・伝言する場合「それでは，恐れ入りますが伝言をお願いします」
・戻り次第連絡を依頼する場合「それでは恐れ入りますが，お帰りになりましたらお電話をお願いします」
（自分の在席時間，電話番号，代理の可否なども伝える）
・緊急を要する場合「急ぎ，ご連絡を差し上げたいのですが出先へ，お電話はできますか」
（急ぐ理由など要領よく説明し納得してもらう）

内容を話し確認する	※要領よく簡潔に話し要点は確認する 「以上でございます。おわかりいただけましたでしょうか」
終りの挨拶	※相手の時間をいただいた感謝を忘れない 「それではどうぞよろしくお願いいたします」 「ありがとうございました」 「失礼いたします」 ※相手がお客様，上位者の場合，後から切る

（2）受信（電話を受ける）

　電話のコール音に気づいたら出る。自分の机の電話だけでなく組織のルールに従って他部署の電話にも積極的に出て，相手を待たせないようにしましょう。受話器を取ったら「挨拶と名乗り」です。そしてメモ。しっかり聴きます。何を話してよいかわからないのは相手の話すことを聴いていないことが原因です。聴くためにはメモをとって目でも聴きます。あなたの心も落ち着いてきます。

　　　　※社名や言葉の前に「ハイ」などと入れて最初からきちんと伝える

社名を名乗る	「ハイ，○○会社○○課でございます」 「ハイ，お待たせしました，○○会社でございます」
相手を確認	「○○会社の○○様でいらっしゃいますね」 「いつもお世話になっております」

※あなたへの用件であれば，そのまま用件を聴き確認し，終える
　　　　「○○さんはいらっしゃいますか」と名指しがあって
　　　　「はい○○でございます」と本人であることを告げる

・取り次ぐ場合

| 名指人を確認 | 「○○課の○○ですね，少々お待ちください」
※相手の社名，氏名，用件を伝えて取り次ぐ

・名指人が不在の場合

| 不在を伝え意向を問う | 「申し訳ございません，○○は只今席をはずして○時頃戻る予定です（○時迄出掛けております）いかがいたしましょうか」

　※相手が対応に迷っていたら
　　　　「戻り次第，お電話をするように申し伝えましょうか」
　　　　「ご伝言でよろしければ承りましょうか」
　　　　などと提案しましょう。

・相手が「かけなおす」場合

| お礼と確認 | 「ありがとうございます，○○様より再度お電話いただけることを○○へ申し伝えます」

・名指人から「かけてほしい」場合

| 承諾と確認 | 「かしこまりました，○○様へご連絡するよう○○へ申し伝えます」

・名指人へ「伝えてほしい」場合

| 承諾と確認 | 「かしこまりました，○○様より○○の件（5W2H）でお電話がありましたことを申し伝えます」
| 終りの挨拶 | 「私○○が承りました，お電話ありがとうございました，失礼いたします」

　※名指人への伝言メモの作成，名指人が帰社したら直接伝える

（3）電話伝言メモの作成

電話伝言メモ
（ア）　　　　　　　様
（イ）　　　　　　様より
1. 折り返しお電話ください。 　　Tel（　　－　　－　　）   2. 再度お電話くださるとの事。 3. お電話がありました。 4. 下記内容の伝言です。
（ウ）
（エ）月　　日　　時　　分　（オ）受

ア．誰宛の伝言か
イ．誰からか（社名，部署名，役職名，氏名）
ウ．要件（5W3H）
　　When, Were, Who, Why, What, How, How much, How many
エ．受信した日時
オ．受信者の名前

（4）電話での話し方

　ビジネスでの電話の役割はよりスムースに仕事を進めていくことです。ところが，顔や姿をみせずに話しているので間違いが起こりやすいのもひとつの特徴です。そこで，間違いを防ぐためのさまざまな工夫がされています。電話の相手はどのような方なのか，お話をされる上で支障やご不自由がないか，「私は忙しい」「今が電話をするのに私の都合がよい」など自己中心的な応対にならないように気持ちの通い合う信頼される電話応対を目指してください。
・言葉を感じよく正しく伝える

　姿が見える応対では言葉がうまく出なくても心（気持ち）は表情，態度に出て補ってくれるので相手が理解してくれることもありますが，電話は言葉と話し方（声，語調）が勝負です。

　声は姿勢と表情がつくります。猫背で笑顔もなく足を組み，肘をついた状態では残念ながら感じの悪い電話応対となり，電話の相手も不快感のために「一

生懸命話そう,聴こう」という気持ちには程遠い状況です。

　みえない相手も目の前にいるのだと考えて,姿勢を整え,口をきちんと開け,相手に届く声の大きさ,高さ,速さを心掛けます。そこで,自分自身の声や話し方を知る必要があります。感じ方や好みは人により違いますから自分で評価できるようになることも大切です。その上で相手がどのように感じているかを考えて,工夫していきます。

　「もう一度」と聴き返されたり,「聴いていますか」と確認されたり,「一本調子な話し方」「元気がない話し方」といわれたりしたならば改善することを要求されています。明るく,はっきり,丁寧に,が基本です。敬語は大丈夫ですか。発信,受信の基本の言葉遣いは先に記しましたが,ビジネスでつかわれる言葉,言い回しなどにも慣れておきましょう。見えない心を上手に表現できるよう,どのような気持ちで話すと効果的かについても皆で話し合ってください。

ア．	うちの会社	わたくしども
イ．	どっちにしますか？	どちらになさいますか？
ウ．	だれ？	失礼ですが,どちら様でしょうか
エ．	私どもの〇〇部長	私どもの部長の〇〇
オ．	もう一度言って下さい（聞こえにくい時など）	恐れ入りますが,もう一度お願いいたします
カ．	いいですよ	かしこまりました
キ．	後で電話ください	お手数ですが,後程お電話をお願いいたします
ク．	担当はいますか？	ご担当の方はいらっしゃいますか
ケ．	もらったですか？	お受け取りですか
コ．	私ではわかりません	申し訳ございません,私ではわかりかねます（わかる者と代わります・お調べします）

（5）電話応対は組織全員で

　受話器を取った人だけが電話応対をしていると勘違いをしている人がいます。電話で話している人の周りで何をやっても良いとばかりに大きな声で話したり，笑ったりすれば，それは電話機を通して相手に伝わってしまいます。「楽しそうな会社」だと思うでしょうか，いいえ，「仕事中に不謹慎な」「大事な話をしているのに笑うなんて私をバカにしているのか」となり，会社の印象は急降下です。受話器をもっている人がいたら，その電話応対がスムースに進められるように自分には何ができるか考えてください。

　また，外出や会議，他部署に行くなど席をはずす場合も同様に電話応対を考えて対応してください。あなたが留守の時にあなた宛にかかってくる電話はどのように処理をして欲しいですか。かかってくる予定の人はいませんか，席に戻って折り返しかけてみると今度は相手が留守などということは仕事に支障を与える電話応対となっています。電話は組織全員で応対するものだと考えて対応してください。

4. ビジネス実務

（1）事務と管理行動

　事務管理に関するアプローチには，2つの方法があると考えられています。ひとつは，一般的に伝統的管理論または管理過程論といわれるもので，会社組織をクローズド・システムとみなし管理を静態的にとらえて論ずる方法です。いまひとつは近代的管理論または組織論といわれるもので，組織をオープン・システムとしてとらえる行動科学的，システム論的な方法です。

　組織である会社は，いくつかのサブ・システムが統合化された協働体系です。また，共通の目的をもち，これを達成するためにさまざまな要素を統合した複合体でもあります。それぞれのサブ・システムは全体（トータル・システム＝複合体）と調和し複合化が図られるような内部システムを構築する必要が

あります。

　事務システムの位置づけは，こうした会社全体（トータル・システム）を構成しているサブ・システムであり，他のシステムと同様の機能と役割を有しています。従来の「事務」に関する考え方は，事務は事務部門にすべて属し，生産，販売，サービス活動などの補完的機能であり，事務に関する諸問題は特定な部門からのみ発生するといった部分的機能でした。

　しかし，会社組織をトータル・システムとみなして，その観点（システムズ・アプローチ）から「事務システム」を考察した場合，会社全体に関わる情報ネットワークの一部として，また，「共通の目的」を達成する一要素として位置づけることができます。

　事務システムの概念要素は，以下のとおりです。
① 組織全体の情報を収集し，分析，加工，伝達する機能を有していること。
② 組織全体を統合するという観点から，全体を調整し最適化されているものであること。
③ 総合的観点にたち，組織効率化のための意思決定に役立つ機能を有していること。
④ 意思決定者に適切で的確な情報を素早く提供できること。
⑤ 情報ネットワークとして，その機能を効率的に発揮できるような仕組みが内包されていること。

このように会社組織が複雑になれば，事務の対象と領域は事務所管理から事務システムへと移り，事務改善の方向性や問題意識が出てきます。
　事務改善のチェックポイントを，以下にあげてみます。

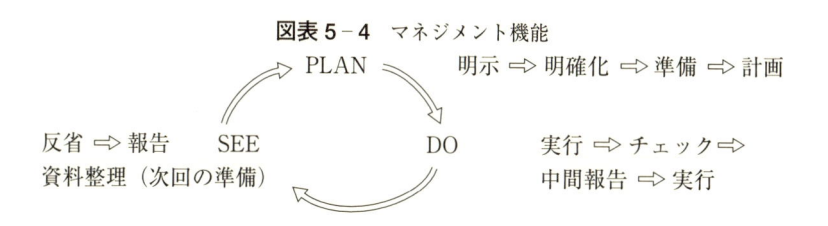

図表5-4　マネジメント機能

```
           ┌─→ PLAN      明示 ⇨ 明確化 ⇨ 準備 ⇨ 計画
           │     │
反省 ⇨ 報告  SEE    DO      実行 ⇨ チェック⇨
資料整理（次回の準備）←──┘     中間報告 ⇨ 実行
```

図表5-5　サイクル理論の展開

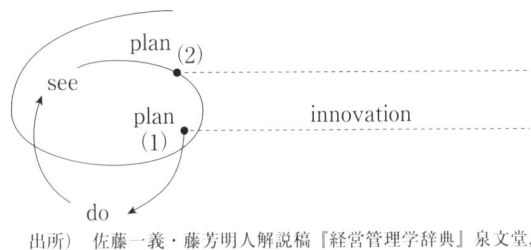

```
        plan (2)
  see  ●·········
       plan    innovation
       (1) ●·········
    do
```

出所）佐藤一義・藤芳明人解説稿『経営管理学辞典』泉文堂, 1989年, p.90

| 迅 速 性 | ⇒ | 正 確 性 | ⇒ | 労働力の軽減 | ⇒ | 経 済 性 |

(2) 指示の受け方

　組織においては，目標達成のために，上司からの仕事の指示に従わなければ階層組織が成りたちません。仕事の役割を正確に果たすためには，指示を正確に把握しなければ，結果は十分とはいえないでしょう。曖昧な受け取り方をしていれば，後で悔やむ羽目になり，よい結果には繋がりません。

　指示を与える側は，内容をよく把握しているため，受ける側もある程度は理解できていると誤解している場合があり，そのために，仕事の行き違いが生じることがあります。疑問点は曖昧にしないで，指示の最後に必ず，5W3Hの要点を把握しながら，踏み込んだ質問をします。指示を受ける際も記憶力に頼るのではなく，記録する癖をつけます。そのためには，筆記具を身につける必要があります。

5W3H

When	（いつ）	月日・時間，期日はいつまでに
Were	（どこで）	場所・地名，どこで仕事を行うか
Who	（誰が）	人物名・主体，仕事は誰がするのか
What	（何を）	内容・主題，用件の内容は何か

Why	（なぜ）	原因・目的，理由。仕事の目的や意義は何か
How to	（どのように）	状態・手段・方法，仕事の手順はどうするのか
How much	（費用）	価格・金額，費用はいくらかかるのか
How many	（数量）	いくつ，数量はどの程度必要か

指示の受け方 ⇒ 返事をして，指示者のもとへ行く（筆記具持参）
　　　　　　　　指示を受ける（5W3Hの要点）質問は最後
　　　　　　　　復唱（無理な場合は上司に相談）

意見があるとき ⇒ 上司の立場で考える，職責の立場，事実に基づく
　　　　　　　　　謙虚な態度で，根拠となる資料をそろえ客観的に

（3）報告の仕方

　仕事をしていく上で欠かせないのが，上司への「報告・連絡・相談（ホウ・レン・ソウ）」です。指示と報告は，表裏一体です。どのような指示であれ，受けた以上はその結果についてタイミングよく事実に基づく客観的な報告をする義務が生じます。

　報告は，結論から先に理由，経過の順となります。上司に時間がない場合は結論のみという場合も生じます。

　ビジネスは日々変化しており，目的・内容や仕事の進め方の変化など，いつ何が起こるかわかりません。トラブルが発生したときなどすぐに報告をしなければ，取り返しがつかない状況に追い込まれます。

　仕事を任せられているとはいえ，長期にわたる仕事の場合は中間報告をしなければ，上司は不安になります。上司から催促される前に，仕事の進み具合や相談など，密に連絡を取る必要があります。

　また，「報告・連絡・相談」は上司との縦の関係だけではなく，部署内，他部署など仕事上のコミュニケーションを十分に図る必要があります。

報告の種類 ⇒ 口頭 → 直接の上司へ報告（指示を受けた人）

| 報告の手順 | ⇒ | 文書 → 関連部署へ報告（多数），報告内容の保存 |

　　　　　　　　指示をされた人に直接報告（仕事終了後，直ちに）
　　　　　　　　簡潔に報告，結論から理由・経過
　　　　　　　　5W3Hの要領で報告，客観的事実
　　　　　　　　優先順位をつける（複数の報告事項の場合）
　　　　　　　　内容により資料，データを準備

| 中間報告 | ⇒ | 仕事が長期にわたる場合，トラブルに巻き込まれた場合 |

　　　　　　　　情勢の変化，指示者が結果を知りたがっている場合

（4）会議やミーティング

　第2章「ビジネスコミュニケーション」のプレゼンテーションの応用の中でも会議のことはふれていますが，ビジネス社会において，意見交換，意思決定，情報の共有化，OJTの一環，連絡・調整，アイディア収集や情報を得る場などとして会議は必要不可欠です。

　また，TV会議などは，費用や時間の短縮の意味もあり，一ヵ所だけでの会場ではなくインターネットや通信衛星を用いて国内や海外の会場を結び同時に会議を進行することができます。現代のスピーディな時代にはマッチしています。

　会議の種類として，伝達会議・創造会議・調整会議・決定会議があります。株式会社であれば，商法により年に1回以上の開催が義務づけられている最高の意思決定機関である株主総会があります。これも，本来的には会議に入ります。

　対外的な会議と社内での取締役会議などの定例会議やそれ以外に随時に開かれる会議などがあります。正規に開かれる定例会議は，通常，決まった人員で開催されます。正規の会議で使われる用語は下記のとおりです。

　議　題⇒会議で討議する事項。
　招　集⇒会議のために関係者を集める。

提　案 ⇒ 議題を会議に示して議決を求める。
動　議 ⇒ 議題の採否を挙手，起立，投票などにより決める。
定足数 ⇒ 会議が成立するために必要な最小限の出席者数。
委任状 ⇒ 権限を特定の個人に委ねることで出席にかえる。
諮　問 ⇒ 下位の組織や専門家に意見を求める。
答　申 ⇒ 諮問に対して答えや意見を述べる。

① 会議の流れ

会議の流れ	⇒	趣旨説明	会議主催者側が討議するテーマの説明
		↓	資料配付を行う
		討　議	報告や資料，テーマについて討議検討
		↓	情報，分析，検討，課題，改善案
		会議のまとめ	決定事項や未決定事項の確認
		↓	次回会議の日時予定
		会議終了後	議事録作成

② 会議を準備する側

　支店長会議や各部署の部長が集まる部長会議，系列会社による営業会議など，出席者，会議内容や規模により，準備も大きく異なってきます。会議の通知方法として文書，電子メール，電話，口頭での方法がありますが，対外的な公式の会議は，文書で関係者に1ヵ月前には開催通知を連絡します。

　会場のセッティングは，周辺の環境や集客力，設備，広さを考慮して会場を選定します。その際，万全を期して下見は欠かせません。座席配置は，会場の目的，人数に合わせて設営します。

会議準備	⇒	開催通知	発信者，会議名称，日時，場所，議題，
(対外的)		↓	受信者連絡先（担当者），締切日，資料，
			（必要な場合）地図，駐車場・食事の有無
		準　備	出欠チェック，名簿，立看板，資料作成，
		↓	備品の用意（パワーポイント，机，椅子，

　　　　　　　　　　　　電子黒板，OHP，ホワイトボード），席順，
　　　　　　　　　　　　名札，会場の空調
　　　　　　会議当日　　受付，名簿チェック，手荷物預かり，茶菓
　　　　　　　↓　　　　・食事の手配
　　　　　　会議終了後　預かり物の渡し，配車，伝言，議事録作成，
　　　　　　　　　　　　関係者への挨拶
　議事録　⇒　会議の名称，日時，場所，出欠，議題議事，決定事項，作成者

図表 5-6 委任状・議事録

委　任　状	議　事　録
私は（代理人の住所・氏名）を代理人と定め下記の事項を委任しました。 　　　　　記 　　　委　任　内　容 　　　平成　年　月　日 委任者の住所 　　　氏名　　　　印	会議名　　　　　日時・場所 議題　　　　　印 出席者　　　　　作成者 項目　｜　議　事 結論，経過，討議内容，決定事項 次回予定日，添付資料

③ 会議に出席する側

　会議は，対外的な会議や社内での部署内，他部署の全体会議，取引先との会議など数多くあります。会議開催通知書には，議題が明記されているので，事前に配布される資料があれば目を通しておき，自分自身の考えをまとめておくと会議もスムーズに進行します。貴重な時間を費やして開催される会議です。会議に踊らされるのではなく，下準備をして時間の無駄を省きたいものです。

　｜会議出席｜　⇒　会議前　　　会議名称（どのような目的），日時，
　　（対外的）　　　　↓　　　　議題，地図の確認，参考資料の熟読，自説

	研究
会議当日	余裕をもって到着，当日の資料に目を通す，積極的に発言，メモをとる，YES・NOを明確に
↓	
会議終了後	メモの整理，会議の結果を関係者に連絡，結果をもとに具体化する，計画，実行

5. クレームの対応

　クレームには，商品についてのものや提供するサービスに関するものもあり，その内容はさまざまです。

　会社の商品やサービスについて，エンド・ユーザーの考え方，個性やその時の状況があり，すべてに満足してもらうのはむずかしいことです。万全を払っていても，ミスは起こるときがあります。クレームを単なる苦情としてとらえるのではなく，会社が発展するための貴重な情報源であり，商品開発やサービス向上についてのバロメーターと解釈する視点が必要です。

　顧客にとって最初は穏やかなクレーム表明だとしても，それを軽くとらえないことです。厳しい不満をあらわし抗議する顧客だけを対象にしてはいけないのです。些細なクレームでも，顧客にとっては不満をもっているのです。

　初めにどのような対応をするかで，今後に決定的な重要な意味をもちます。

　クレームを受けた社員は，自分のミスではなくても人のせいにしたり，クレームをたらい回しにするのではなく，会社を代表して対応しているという意識をもつことです。クレームが何であるのか，じっくりと聴くことにより，顧客を落ちつかせることができ，正確に事実の確認ができます。クレームをどの仕事よりも優先して対処します。顧客に不安や不満を感じさせたことについて，素直に誠意をもって謝ります。

　クレームを前向きにとらえ，顧客と密接にコミュニケーションをとり，最後

まで責任をもって対応すれば，会社のイメージを向上させることも可能となります。顧客の立場にたって事実を解明することにより，クレーム客が今後の贔屓客となり，顧客の裾野が広がることになります。

しかし，時には顧客の勘違いや知識不足から起こるクレームもありますが，顧客に恥をかかせない配慮も必要です。

クレーム対応の手順として

クレーム → 誠意ある対応 → 事実の確認 → 迅速処理 → 今後の改善

（1）苦情応対の心得

① 内容を聴く

何についての苦情・クレームなのか，冷静によく聴くことです。苦情・クレームを話しているのに途中で話を遮ったり，すぐに否定的な言葉や，こちらの説明を急がないことです。

クレーム内容を復唱し相手のいい分をよく聴くことにより，怒りも少しは和らぎ気持ちが治まることがあります。

② 誠意をもって謝る

どちらに原因があっても，まず謝ることです。事実を調べることにより原因が鮮明になります。丁寧に応対して詫びをするのは当然ですが，内容は自分の判断だけでは処理できないことも多々あります。

話の内容により，先輩や上司に代わることで，相手が安心する場合もあります。

③ 適切な対処

相手が何を望んでいるのか。相手の立場にたって適切な対処を考えます。

（2）苦情応対の禁句

相手が言葉にデリケートになっているので，話し方や言葉遣いには十分注意

図表 5-7 否定的な言葉

否定する言葉	そんなことはないと思いますけど……
話の腰を折る	ちょっと待ってください。ちょっと聞いてください。冷静になって下さい。よく聞いてください。
押し付ける	当社の決まりになっています。
値段のせい	値段が値段ですから…
聞き流す	ああ，そうですか。

をはらう必要があります。

（3）クレームを減らすには

① 記録する

　月日や時間など相手がいったことで大切なことは，必ずメモをとる習慣を心がけます。一度に多くの仕事の依頼があります。それをメモに書かれた期限や仕事の優先順位をつけることにより，混乱することは少なくなります。

② 相談する

　一度でも起こったクレームは，自分だけで処理するのではなく，上司や先輩に相談します。どのような些細なクレームであっても顧客を不愉快にしたことに変わりありません。次に他の従業員がクレームを発生させないためにも内容を伝え，会社全体としてとらえる必要があります。

③ 予測する

　仕事の流れをつかみ，先を予測して仕事に対して問題意識をもち，取り組むことにより，ミスが減りクレームを防ぐことにつながります。

④ 二度と起こさない努力

　なぜクレームにいたったのか，原因を追求し，今後クレームが起きないようにする必要があります。軽いクレームでも何度も起こることは改善するように職場でフィードバックすることが大切です。

6. ビジネスの冠婚葬祭

　昔から伝えられている日本の慣習は，今日では随分と簡略化されています。ビジネス社会において，慶弔の儀礼を守ることは，対外的にも人間関係を円滑にし，よりよい状態を保つことに役立ちます。これらの常識を身につける必要があります。

　会社を代表して参列する場合もあるので，冠婚葬祭の常識を身に付けることは会社のイメージアップにもつながります。

（1）慶事のマナー

　お祝い事は前から分かっていることです。御祝金は，新しい門出を祝うためにも，新札を入れ，結びきりにします。結婚式で「平服でお越しください」とあり，普段着で出席して恥をかくこともあります。

　また，会社や上司の関係で慶事の手伝いを依頼される場合もあります。

① 慶　　事

・誕生祝　　・七五三の祝　　・入学祝　　・成人祝　・就職祝　・結婚祝

・昇進祝　　・栄転祝　　　　・就任披露　・叙勲，褒章などの祝賀祝

・竣工落成祝　・新事務所開設　・受賞祝　・退職祝

② 長寿祝

・還暦（60歳）・古稀（70歳）・喜寿（77歳）・傘寿（80歳）

・米寿（88歳）・卒寿（90歳）・白寿（99歳）

③ 結婚記念日

・1年　紙婚式　・2年　藁婚式　・5年　木婚式　・10年　錫婚式

・12年　草婚式　・15年　銅婚式　・20年　陶器婚式　・25年　銀婚式

・30年　象牙婚式　・35年　珊瑚婚式　・50年　金婚式

・60年　金剛石婚式

④ 表書き

普　通	⇒	御祝，御祝儀，祝
新　年	⇒	御年賀，御年始
中　元	⇒	御中元
歳　暮	⇒	御歳暮
お　礼	⇒	御礼，薄謝，寸志（目上には使わない）
結婚祝	⇒	御祝，寿，御結婚祝
慶事のお返し	⇒	寿，内祝
一般的	⇒	進呈，松の葉，粗品，上
その他	⇒	御見舞，御餞別
陣中見舞	⇒	陣中御見舞，祈御当選
その他の慶事	⇒	御祝儀，御慶，御肴料

⑤ 包み方・水引の扱い方

慶　事	⇒	左から折り，その上に右から折る
水　引	⇒	紅白，金銀の水引「結びきり」「あわび結び」
のし袋	⇒	のし袋の裏は上から折，下からおおうようにする

⑥ 結婚式の招待状

出欠にかかわらずお祝いの言葉を添えて，すぐに返事を出します。披露宴の席順や引き出物の準備があるので，返信は早すぎて困ることはありません。欠席する場合はその理由を簡単に書きます。しかし不幸で欠席する時は，他の理由を書いた方が無難です。

返信はがき	⇒	差出人の「行」を二重線で消し，「様」と書き直す
住所・氏名	⇒	「御住所」「御芳名」を「御」「御芳」を二重線で消す
出　　欠	⇒	選択し，どちらか一方と「御」を二重線で消す
祝電の種類	⇒	フラワー電報，刺繍電報，押し花電報，メロディ電報など
結婚祝品	⇒	親しい中であれば，欲しい品を聞くが，お金の方が喜ばれる場合がある。はさみ，包丁などは「きれる」の意があるので送らない方が無難
服　　装	⇒	（男性）ブラックスーツが基本。紺，グレーも略礼装 （女性）和服→未婚者は振袖，既婚者は留袖

　　　　　　　洋装→白色は避ける。カクテルドレス，アフタヌーンドレ
　　　　　　　ス等
スピーチ禁句⇒　重ね重ね，度々，戻る，切る，壊れる，離れるなど
⑦　祝電文例
・御結婚おめでとうございます。新しい門出にあたり，ご多幸とご発展を心よりお祈り申し上げます。

（2）弔事のマナー

　訃報は予測なしにやってきます。新聞の訃報欄や取引先から直接連絡があるかも知れません。慌てないように，弔事のマナーをある程度は把握しておく必要があります。仕事上の付き合いによって異なりますが，親しい間柄でなければ，通夜か告別式のどちらかに参列すれば，失礼にあたりません。

① 訃報を受けた場合
事実確認　⇒　通夜，葬儀，告別式の日時と場所，喪主，宗派
社内連絡　⇒　関係部署に連絡。弔電の手配。香典の用意（対外慶弔規定）。
　　　　　　　花輪，生花などの供物

② 告別式
葬　儀　⇒　遺族，近親者，親しい知人が僧侶と故人の冥福を祈る儀式。
告別式　⇒　一般の知人と最後の別れをする儀式。
　（葬儀と告別式は本来，別だが現代は一緒に行われることが多い）

③ 弔問時の服装
通　夜　⇒　平服でもよい（派手な色調は避ける）
葬　儀　⇒　（男性）黒のスーツ。黒ネクタイ
　　　　　　（女性）黒のスーツかワンピース。バック，靴，ストッキング黒
　　　　　　アクセサリーは真珠のネックレス（一連のみ），イヤリングに
　　　　　　留める

④ お悔やみ

神　　　式	⇒	御神前，御玉串料，御榊料
仏　　　式	⇒	御香典，御香料
キリスト教	⇒	御花料，御ミサ料
宗派共通	⇒	御霊前
仏式の法要	⇒	御仏前（死後49日経過すると仏様になる），御供物
僧　　　侶	⇒	御布施，志　　弔事のお返し　⇒　志，忌明

⑤ 包み方・水引

弔　　事	⇒	右から折り，その上に左から折る。
水　　引	⇒	黒白，黒銀，黄白（関西）の水引「結びきり」「あわび結び」
のし袋	⇒	のし袋の裏は下から折，上からおおうようにする。

⑥ 弔事の席でのふるまい

仏　　　式　⇒　焼香は霊前で拝礼後，右手で香をつまむ → 目の位置まで → 香炉にくべる（1回か3回どちらでもよい）→ 合掌

神　　　式　⇒　玉串根元を右手，左手で葉を支え → 一礼 → 根元を手前 → 左手を根元，右手で葉を支え → 180°回転，葉先を右，根元を先 → 玉串を90°回転させ，右手の下に左手を添え供える（葉先を右回り）→　二拝，二拍手，一拝（しのび手）

キリスト教　⇒　献花は左手で茎，右手で花を支え → 　花を胸元に捧げ祭壇で拝礼 → 　花が手前，茎が祭壇 → 　黙祷

⑦ 弔電文例

・ご生前のご厚情に深く感謝するとともに，故人のご功績を偲び，心よりご冥福をお祈りいたします。
・会長様のご訃報に際し，弊社社員一同，謹んで哀悼の意を表し，ご冥福をお祈り申し上げます。ご遺族の皆様ならびに貴社社員一同様に心よりお悔やみ申し上げます。

⑧ 主な敬称

父 ⇒ ご尊父様，父上様　　　母 ⇒ ご母堂様，母上様

夫 ⇒ ご主人様　　　　　　　妻 ⇒ ご令室様

息子 ⇒ ご子息様，ご令息様　娘 ⇒ ご息女様，ご令嬢様

7. 就職試験における面接マナー

　日本経済の未曾有の低迷で，平成14年現在，総務省の「労働力調査」による完全失業率は1953年の調査開始以来，過去最悪を更新しました。リストラや人減らしなどによる「非自発的離職者」や1年以上の長期失業者も増加を続けています。また，高年齢層と若年齢層の失業率が11％を超し，雇用市場の特異な傾向も注目されています。このような状況下で非正社員である臨時雇用やパートが増え続け，正社員の採用予定者の減少・採用内定者の取り消しなどが続出しています。

　就職試験を受験しても，書類選考，一般常識試験などで受験者数が絞り込まれ面接にたどりつくまでに，相当数がふるいにかけられます。このように，就職戦線を突破することは並大抵のことではありません。受験者が面接まで，たどり着くのが困難になりましたが，それだけに就職試験で面接が決定的な重要な役割を担っています。採用に熟知した面接官は受験者に矢継ぎ早に質問をして，受験者を窮地に立たせる場合があります。質問に対する回答はもちろん大切ですが，面接官は受験者の人間性を素早く読み取ろうとしています。

　面接官は「身だしなみ」「態度」「挨拶」「言葉遣い」「表情」「心情」「意欲」「時事知識」など多くのことをチェックします。緊張しないで，平常心を保つための心構えとして，以下のことがあげられます。

① 企業の詳細な情報を入手しておく

② 日頃，新聞で時事を勉強しておく

③ 質問を想定し模擬演習を試みる

④ 事前に服装・持ち物のチェックをする

⑤ 時間に余裕をもって試験会場に行く

さらに、より理解しやすくするために、マナー面での具体例をあげます。

（1）身だしなみ

　面接官に好感を与え、良いイメージを醸し出す必要があります。その第一は身だしなみや着こなしです。ヘアースタイル・化粧・服装は面接試験にマッチしたものを選び、身軽で清潔感あるものにします。身につける洋服や靴は、面接の際に精神的にも大いに影響されます。服装などが気に入らなければ、そこにばかり神経が行き面接に身が入らない場合があるのでとくに注意をはらう必要があります。

　面接の際に必要な身だしなみの基本は、人に不快感を与えないことです。とくに注意する点を次にあげてみます。

| 女　性 | 清潔な服装（自分に似合う色や形）で超ミニスカートは場違い。ストッキングはよく伝染するので予備を用意。
髪の色は自然な色であればよい。（就職試験期になると茶や白髪に染めた髪は元に戻した方が無難である）。
長い髪は挨拶したときに前に落ちないように後ろでまとめた方がよく、前髪は眉毛に掛からないように上げるか横に流すなど工夫する。
アクセサリーは、基本的には腕時計ぐらいでよい。
靴のヒールは3～5cmのパンプスが歩くのにも安定しているし、みた感じもよい。 |

　身だしなみとは、面接のときだけ身なりを整えことではなく、日頃からチェックする習慣をつけておくことが肝要です。

| 男　性 | 清潔な服装で、スーツの色はグレー系・紺系が落ち着いた雰囲気を |

醸し出してくれる。

スーツの下のシャツは原色を避け,スーツにマッチしたものを選び,ズボンはきっちりとプレスをする。

ヘアースタイル(洗髪・鼻毛・髭)を整え,長髪はさけた方が無難。

他人に不快感を与えないように細部にわたってチェックをして,人前に出るように心掛がける必要がある。またスーツを基調にした(ワイシャツ・ネクタイ)服装を身につける。意外と盲点になるのが,靴下のゆるみや靴の汚れです。

(2) 態　度

面接試験前日は暴飲暴食を避け,充分な睡眠・休息をとり,生き生きとした表情で面接にのぞみたい。当日,控え室にいるときも,落ち着いた態度で静かに名前を呼ばれるのを待つ。友人と話ばかりしていると,悪い方で目立ってしまう場合があります。

面接中は椅子に深く腰掛け,両手はひざの上で軽く組み(男性は両足の腿に置く),背筋を伸ばし椅子の背には寄りかからないようする。ソファーの場合は浅く腰掛け,膝頭から下は下座へ流すように揃えます(男性は両足を少し開いた方が安定感がある)。

顔は正面を向き,目線は面接官の顔から胸までに置けばよく,複数の面接官の場合は質問者の方へ顔を向け応答する。うつむいたりよそを向いていると,やる気がないとみなされます。

(3) 挨　拶

面接会場だけが,試験場ではありません。試験会場に一歩足を踏み入れたら,誰からみられているかわかりません。受付や控え室の態度がチェックされる場合もあります。

試験場には,軽くノックをして会釈で『失礼します』と入退室をします。面

接官の前で大学名・学部・学科・名前を名のり，敬礼で『よろしくお願いいたします』，終われば最敬礼で『ありがとうございました』と挨拶をします。挨拶はとくに一朝一夕では身につかないので，会釈・敬礼・最敬礼の使い分けをするように，日頃から心がけることが大切です。

（4）言葉遣い

前述しているとおり，敬語の使い方では尊敬語と謙譲語の区別を明確にし間違えないようにします。声が小さいと，仕事に対する熱意が感じられず消極的とみなされます。大きな声ではっきりと，早口にならないようにします。むずかしい言葉や紛らわしい言いまわしも避け，自己が理解できる平易な言葉で，主張したいことを述べます。

他には志望動機・自己ＰＲ・学生生活についてなど最低限まとめておくことが大切です。

以上，面接では積極性・協調性・創造性・理解力など人柄を見られるので，常に自己啓発が必要です。

第6章
情報の活用

　情報通信技術の急速な進展により，ビジネスのあらゆる分野で，通信網や情報機器を駆使して情報が活用されるようになりました。従来，情報処理に関しては情報の専門家が担当していましたが，近年は，これらの技術や機器をツールとして自ら活用するエンドユーザー（自分の目的遂行のためにさまざまな情報処理を行う利用者）の時代になっています。情報システムが，ビジネスの合理化や省力化の支援だけでなく，今まで人間が行っていた知的創造分野の支援まで活用の可能性が広がっています。

　組織のすべての成員が，変化する経営環境の中で，いかに迅速に正確な情報を入手または作成し，処理・活用し，的確な意思決定につなげていくかということが求められます。

　また，ネットワーク技術の進展により，今まで以上に時間の効率化や場所をこえた情報の活用ができるようになり，ビジネスチャンスも大きく拡大してきました。その一方で，ネットワーク普及によるさまざまな弊害も顕在化してきています。ネットワーク利用とともに，それらの弊害からいかに組織や個人を守っていくか，情報セキュリティの問題についてもあわせて理解することが重要です。

　情報業務にかかわる場合，情報システムやネットワークの構築，ソフトウェア利用による具体的な情報処理についても理解する必要がありますが，それらの詳細についてはその分野の専門書にゆだね，ここでは，情報の特性を理解し，仕事で求められる情報リテラシーは何か，ユーザーとしての情報管理の方法と重要性について解説します。

1. 組織と情報

(1) 情報の定義と特性

データと情報の意味は異なりますが,同様な意味で用いられている場合も多いようです。データと情報についていくつかの定義をあげてみます。

1) データとは
   - 立論・計算の基礎となる,既知のあるいは容認された事実・数値。資料。与件
   - 人間または自動的手段によって行われる通信,解釈,処理に適するように形式化された事実,概念または指令の表現
   - 評価されていないメッセージ
   - 客観的実在の反映であり,それを伝達できるように記号化したもの
2) 情　報とは
   - あることがらについての知らせ。判断を下したり行動を起こしたりするために必要な,種々の媒体を介しての知識
   - データを表現するために用いた約束に基づいて,人間がデータに割り当てた意味
   - データ＋特定の状況における評価
   - データを特定の目的や問題解決に役立つように加工したもの

いろいろな解釈がありますが,一般に「評価されていないメッセージがデータであり,それに特定の状況における評価を加えたものが情報」というようなマクドノウらの定義が多く用いられているようです。ここでは,データは「客観的な事実,事象,事柄を伝達できるように記号化したもので,評価されていないメッセージ」,情報は,「データを何らかの興味・関心をもって意味付けや評価をしたもの」ととらえます。

3) 情報の特性

情報は，次のようなさまざまな特性をもっています。

① 情報がもつ意味を変えずに，表現方法を変換することができる。
② 情報を結合，並べかえ，分類，分割することができる。
③ 情報を表現する媒体をかえることができ，しかも情報がもつ意味は変わらない。
④ 情報は複製することができ，しかももとの情報がなくなったり，減ることはない。コストも低い。
⑤ 情報は蓄積（記録，保管，再生）できる。組織化により価値が増大する。時間の制約を超える。
⑥ 情報は伝達できる。空間を超えて位置をかえることができる。伝達には媒体が必要である。
⑦ 情報の価値は，特定の意思決定や行動の目的に役立つものであるかどうかで決まる。
⑧ 情報は，用いる人の問題意識，先入観，活用能力などにより分析や解釈が異なり，有用性が異なる。情報は，相対的個別的な価値をもつものである。

これらの特性をふまえて情報を活用していきます。一般に価値ある情報の条件として，正確性，高速性，タイムリー性，即応性，遠隔性，大容量性等があげられます。いかに情報を価値あるものにするか，人により異なる情報の有用性を，組織の目的遂行のために，いかに高めていくかを考えていく必要があります。

（2）仕事で取り扱う情報

仕事で取り扱う情報には，主に次のようなものがあります。

・日常業務で発生する情報の処理（指示・命令，通知連絡，報告，書類・伝票など）

・消費者，顧客の希望やニーズの情報
・新しい技術やサービスの情報
・市場や同業他社の情報

日常業務の情報処理は，各部署で取扱う情報が異なってきます。

(3) 組織の中での情報リテラシー

　個々の組織人が組織の目標を理解し，各プロセスにおいて役立つ情報を作り出します。それらの情報を活用するとともに，新しい情報を創造し各プロセスにフィードバックします。ビジネス遂行のためには情報リテラシー能力が不可欠です。

　次世代を担う人材と情報リテラシー向上策のあり方について，経済団体連合会は，「情報ネットワークを使いこなす情報リテラシーは，21世紀を生きる者にとって基礎的な能力」と表しています。企業がもつ問題意識のうちリテラシー教育の強化として，情報の創造と活用能力の育成，情報マインドの育成，社内教育環境の整備をあげています。

　早川芳敬他は著書『経営革新と情報リテラシ』の中で情報リテラシーの全体的構造を具体的にまとめています（図表6-1）。

　情報リテラシー能力向上については，基本的には個々人が自発的に取り組む必要があります。情報化社会といわれる中で，近年は，学校教育においてもコンピュータの基本操作だけでなく，活用のレベルまで情報リテラシー教育が実施されるようになりました。文章処理・計算処理の基礎教育から，統計処理，インターネット利用による情報伝達・情報検索，データベース，プレゼンテーションの教育へと多岐にそして高度になってきています。

　しかし，職場においては，理解度の差だけでなく，情報関連設備の差や職務の違いによる必要性の有無等も存在するので，情報リテラシー能力に差異があります。組織の全員が情報の有用性を理解するとともに，あわせてトラブル発生時の対応や情報機器の管理等に関する知識をもつことも必要となります。

図表 6-1　情報リテラシーの全体的構造

スキル/能力 区分	スキルの傾向の項目		能力の傾向の項目	
	基本レベル	実用レベル	応用レベル1	応用レベル2
コンピュータリテラシー	・コンピュータのしくみ ・ワードプロセッサ ・タイピング	・データベース ・表計算 ・電子メール	・外部データベースの検索 ・インターネット	・マルチメディア ・ソフトウェアの選択
ビジネスリテラシー	・文章表現	・プレゼンテーション ・ファイリング	・議論，討論 ・技術文書作成	・システム思考 ・統計手法
情報化社会リテラシー	・著作権 ・バックアップ	・プライバシー ・モラル ・ウイルス ・セキュリティ	・情報の選択と活用法	・情報の理解 ・非言語系の情報 ・発想法

出所）早川芳敬・高島利尚・財部忠夫・渋佐常博・花岡　菖『経営革新と情報リテラシ』日科技連出版社，1996年より，一部改変し作成

　情報活動が経営にいかせるように，経営者，管理者にも情報リテラシーを高めるための取り組みが必要になります。取り組み方は，次の3段階に分けて考えられます。

　第1段階……コンピュータリテラシー能力の育成
　第2段階……自分の業務に応じた情報活用能力の育成
　第3段階……情報化を組織的に推進するのに必要な知識の習得や能力の育成
　その取り組みにあたっては，経営活動を十分理解し，能力育成に直接たずさわる人材をどう確保するのかが課題となります。
　実際の情報技術利用に関しては，専門的知識を有する人材と，構築されたシステムを利用する人材があります。『情報通信白書』（平成14年版）の専門的知識を有する人材を対象とした「職場におけるIT活用能力」の調査を参考に情報技術活用能力を考えます。調査の結果，企業が情報通信活用の推進において重視する技術分野を3年前と比較すると，「ネットワーク関連」「メインフレー

図表6-2 情報通信活用の推進において重視する技術分野

■現在　□3年前

分野	現在	3年前
セキュリティ関連	27.3	3.7
インターネット関連	12.4	9.3
モバイル関連	2.3	0.8
ネットワーク関連	12.7	19.8
コラボレーション	14.0	3.8
メインフレーム・汎用機関連	2.9	18.7
データベース構築関連	9.4	10.0
プログラム開発関連	2.9	9.8
システム運用・開発関連	9.9	15.0
オープンシステム関連	5.6	8.4

出所）総務省編『情報通信白書』（平成14年版）

ム・汎用機関連」の重視が減少し，「セキュリティ関連」「コラボレーション」重視の企業が急増しています。これは，オープンシステムの利活用が進んだためと考えられます（図表6-2）。

専門的知識を有する人材に対して企業が求めるスキルは，情報通信の専門能力から，情報通信を活用した企業サービスの高付加価値化，他の競争企業との差別化等を図るなどの企画・立案能力へとシフト化しています。「ITを活用した新規ビジネスの企画」「IT活用による業務改革の企画」といった情報通信活用による企画・立案能力が急増しています。

求められる内容も，次第に高度化していきます（図表6-3）。

（4）ネットワーク・システムの活用

コンピュータのネットワーク・システムを利用することで，日常業務が効率化・高速化し，仕事の進め方も大きく変化しています。距離や時間をこえて，指示・命令や報告も今まで以上に速く，正確に行われるようになりました。ネットワークを利用して遠く離れたところで仕事を行うテレワークが広く普及し

第6章 情報の活用

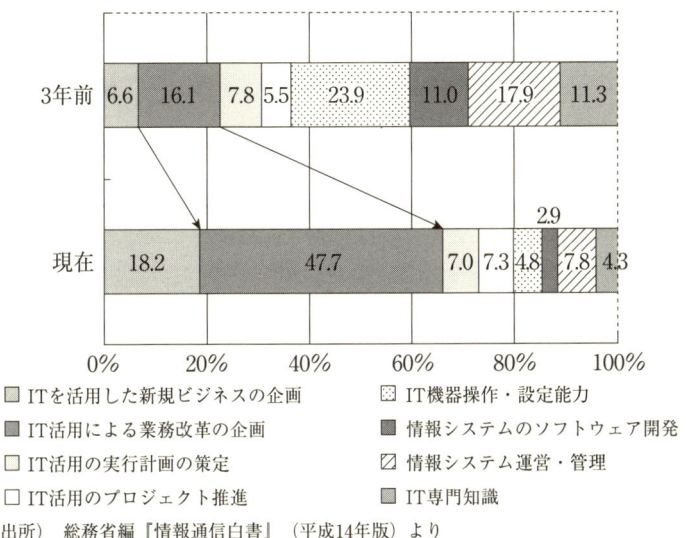

図表6-3 企業が求めるIT活用能力の変化

	ITを活用した新規ビジネスの企画	IT活用による業務改革の企画	IT活用の実行計画の策定	IT活用のプロジェクト推進	IT機器操作・設定能力	情報システムのソフトウェア開発	情報システム運営・管理	IT専門知識
3年前	6.6	16.1	7.8	5.5	23.9	11.0	17.9	11.3
現在	18.2	47.7	7.0	7.3	4.8	2.9	7.8	4.3

出所　総務省編『情報通信白書』（平成14年版）より

てきました。対人折衝以外ほとんどの業務がコンピュータで処理しやすくなったため，日々の仕事の成果をインプットし報告したり，情報として蓄積し活用したり，ファイルを共有できるようになりました。組織内外の情報を，いろいろなビジネス・シーンに活用し，より有効なマーケティング活動にいかしていきます。

イントラネットは，インターネットを組織の内部の情報システムに利用したものです。グループウェアは，そのネットワークを利用して，複数の人が協力して効率的に作業するためのソフトウェアであり，電子メール，電子掲示板，電子決裁，電子会議，スケジュール管理，ドキュメント管理等に利用できます。共通の仕事や目的をもって働くグループの活動を支援するものです。

グループウェアは，主に次のような効果があります。
・コミュニケーションの質の向上と，迅速な情報伝達
・情報の共有，情報の有効な管理・保管
・オフィス業務のオートメーション化

インターネットを利用した電子商取引（Electronic Commerce）は，供給者と消費者との直接取引を可能にしました。現在では，企業間取引が急速に拡大しています。なかでも，販売状況と生産体制をネットワーク化し，製造から販売にいたる製品供給の作業を最適化し経営効率を高めるシステムであるサプライチェーンマネジメントが多く導入されています。

　また，企業のみならず，多くの組織がインターネット上にホームページを開設し，PRや参考情報を載せてさまざまな情報を提供しています。

2. 情報の管理

（1）情報管理の意義と必要性

　情報を選択・収集し，これを整理・加工し，利用者に的確な情報を提供する一連の情報業務を，情報管理といいます。インターネット等の情報技術の急激な発展により，情報の多様化と量の増大は，諸活動の活発化をもたらしています。また，従来にも増して，国内外で激しくなった企業間競争の中で，組織を存続・発展させていくために，迅速で的確な意思決定や合理化が必要です。情報管理は，今日のこのような大量の情報を整理保存しておき，必要な情報を必要に応じて提供できるようにシステム化したものです。

　企業における情報活動は，多くの情報源から多様なデータを収集し，それを意思決定者の問題特性に応じて処理し，迅速に伝達・提供する活動です。しかし，情報がタイムリーに，正しく伝達されても，その情報を受け取る者や意思決定者が情報の正しい解釈や評価をしなければ，適切な意思決定に結びつきません。

　企業の発展は，その活動の場や取り巻く環境から適切な情報を迅速に収集し，経営に生かしていけるかによるところが多いといえます。多様に変化する環境を適切に把握するための対応が常に求められ，情報技術を高度に活用した情報の管理が重要な経営課題のひとつとなります。

（2）情報の収集

　私たちが何か新しい行動を起こそうとするときには，関連ある情報を収集し，それをもとに行動します。大量の情報の中から，必要な情報を迅速に選択・収集し，蓄積しておく必要があります。収集された情報が価値あるものであるためには，収集情報はできるだけ大量がよいといわれます。その中に関連情報やそれに結びつく情報が含まれる可能性が高くなるからです。収集される情報は内容が正確で，しかも必要なときに存在すること（タイムリー）に価値があります。

　しかし，収集される情報の中には，誤った情報，意図的に操作された情報，偏った情報も混じっています。また，収集者に都合のよい情報のみが取り上げられ，都合の悪い情報が切り捨てられる，ということも起きます。

　情報収集にあたっては，事前に，収集の目的，情報源，収集範囲，期間などについて確認します。良質な情報を収集するためには，収集する内容についてあるレベル以上の基礎知識があり，収集された情報の良否を見抜く力と適切な判断力が必要となります。情報収集の手段は，人手によるものから，ネットワークを利用するものへと多様になっています。

（3）情報の検索

　情報を収集するにあたり，情報を探すという作業があります。後で利用することを想定して蓄積された情報の中から，必要な情報を探し出すことを情報検索といいます。情報検索という作業は，情報を蓄積・組織化することと，情報を探し出すという2つの要素で成り立ちます。情報を収集する作業の中での，情報を検索するという作業について述べます。

　まず，情報の要求が発生したら内容を分析し，どのような手段で情報を探すのかを検討します。最近は，インターネット利用による情報検索が主流になってきていますが，人による情報や印刷メディアによる情報収集もあわせて検討します。利用するデータベースを選択し，用いる検索語（キーワード）と検索

図表 6-4　検索語の組み合わせ

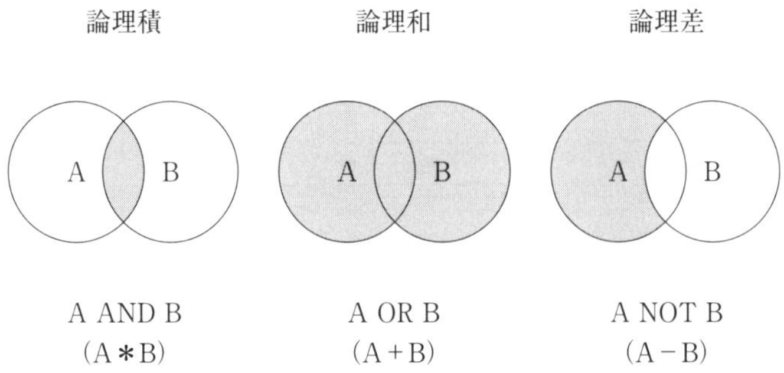

　　　論理積　　　　　　　論理和　　　　　　　論理差

A AND B　　　　　A OR B　　　　　A NOT B
（A＊B）　　　　　（A＋B）　　　　　（A－B）

式を設定します。的確な情報や詳細な情報を入手するために，複数の探索手段やデータベース，検索語を考えておきます。

　検索式の設定には，検索語を「AND」「OR」「NOT」で組み合わせて用います。データベースの検索の基本である「AND」「OR」「NOT」の集合を図示すると，図表 6-4 のようになります。ⒶはAという検索語からなる集合，ⒷはBという検索語からなる集合を表わしています。

　検索を実行した後，得られた結果について評価・分析をします。満足できる結果ではない場合再検索します。

　情報収集の依頼を受けて情報検索をする場合は，依頼者が何を求めているのかを明確にとらえ，依頼者の言葉を的確なキーワードにかえていきます。依頼者にインタビューする際には，コミュニケーション能力や一般常識がより必要となります。

　依頼された情報の検索は，図表 6-5 のような手順で行います。

1）検索エンジンの利用

　インターネットが普及し，仕事のみならず日常生活での利用においても，ネット上の検索エンジンやデータベースへアクセスし，情報を探すことが多くなっています。検索エンジンとは，サーチエンジンともいい，膨大なインターネ

第 6 章　情報の活用

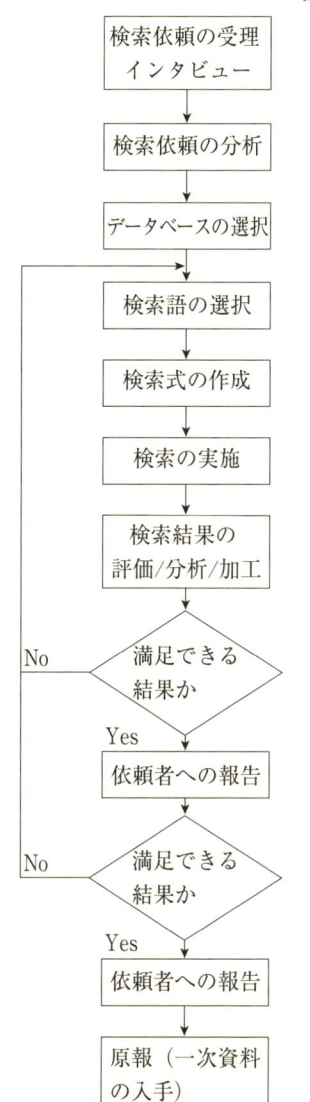

図表 6-5　情報検索の流れ

検索依頼の受理インタビュー	依頼を受けて情報検索をする場合は、依頼者が何を求めているのかインタビューを行い、内容を明確に理解する。
検索依頼の分析	テーマについてさらに詳細を分析する。
データベースの選択	データベースの種類と内容についての知識が必要。どのデータベースを利用するか選ぶ（複数考えておく）。
検索語の選択 検索式の作成	依頼者の言葉を的確な検索語（キーワード）にかえていく。自然語と統制語があるので、シソーラスがある場合は利用し、適切な検索語を選ぶ。検索語の組み合わせ（AND, OR, NOT 論理演算子の利用）を考える。
検索の実施	予備検索で確認した後、本検索を実施する。
検索結果の評価/分析/加工	得られた結果に、必要情報がどれだけ含まれ、不必要な情報（ノイズ）がどれだけ含まれるか（再現率、適合率）を判断する。
満足できる結果か（No → 検索語の選択へ戻る）	必要情報が少ない、またはノイズが多すぎる、件数が多すぎて絞る必要がある場合は、再検索する。
依頼者への報告	検索者からみて、妥当と思われる結果になれば、報告しやすい形式に整え報告する。
満足できる結果か（No → 検索依頼の分析へ戻る）	依頼者が結果に満足しなかった場合は、再度内容を確認し、再検索する。
依頼者への報告	得られた最終的な結果について、報告をする。
原報（一次資料の入手）	依頼者の必要に応じて、資料そのものを入手する。

出所）西田君美雄編『情報検索演習ワークブック』大学堂書店，2001年。流れ図を参照し，一部改変して作成。

ット上の情報の中から，必要な情報を掲載したホームページなどを探し出す検索専用システムです。キーワードを入力しての検索や，カテゴリーの分類検索，両方を使える検索等ができます。用意されたメニュー一覧から，見たい内容をマウスでクリックし選択していく方法や，入力用の枠の中に思いつくキーワード（検索語）を入力し検索する方法等があります。さらに，詳細な検索オプションが用意されたものも多くあります。

検索エンジンを利用した情報検索は，（検索そのものには）費用が発生せず，幅広く最近の情報を集めることができます。しかし，ノイズも非常に多い上に，インターネット上に登録された情報のみの検索です。記載された内容そのものが正確であるかどうかの判断も必要となってきます。図表6-6，図表6-7は，一般によく利用されている検索エンジンの例です。

図表6-6　検索エンジン（YAHOO JAPAN）

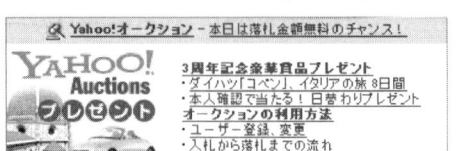

出所）http://www.yahoo.co.jp/より

第 6 章　情報の活用

図表 6-7　検索エンジン（Google）

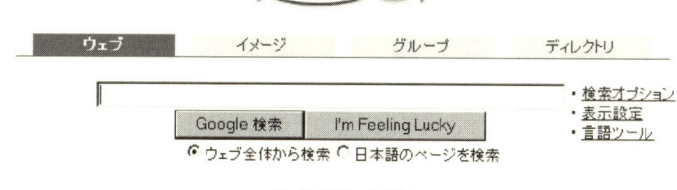

出所）http://www.google.com/intl/ja/ より

図表 6-8　国立国会図書館 Web-OPAC

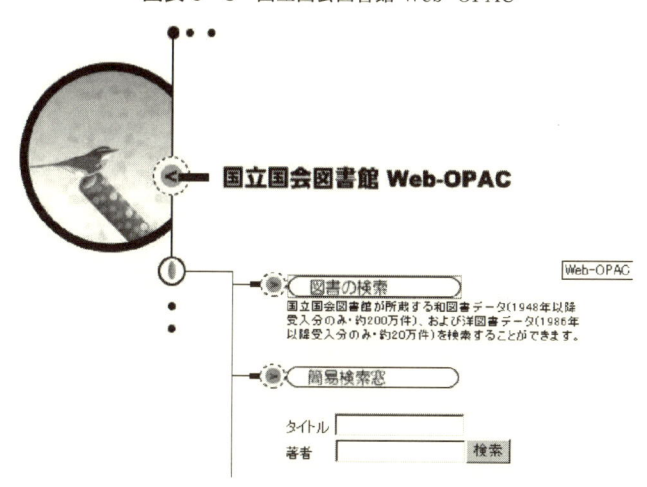

出所）http://webopac2.ndl.go.jp/ より

133

2）データベースの利用

　データベースは，インターネットから利用できるものが増えています。無料で利用できるデータベースと，有料の商用データベースがあります。たとえば図書の検索は，国立国会図書館や大学図書館等がOPAC（Online Public Access Cataloging）として所蔵図書を公開しているので，自由にアクセスし，利用することができます（図表6-8）。

　また，調査研究したいテーマに関連ある文献を探すには，雑誌記事のCD-ROMを利用する方法もあります。検索語を入力し，得られたタイトル一覧の中から関連あると思われるものについて簡単な概要をみます。関連ある内容と思われたら，そのタイトル・著者・雑誌名・巻号・ページを記録します。その記事を入手するにはその雑誌を購入するか，雑誌をどの図書館が所蔵しているかインターネットなどで確認した上で，直接閲覧に行き，必要に応じて文献複写をします。または，近隣や大学の図書館で，図書館同士の図書の相互貸借や文献複写サービスを利用し，入手依頼をする方法もあります。

図表6-9　商用データベース（日経テレコン21）

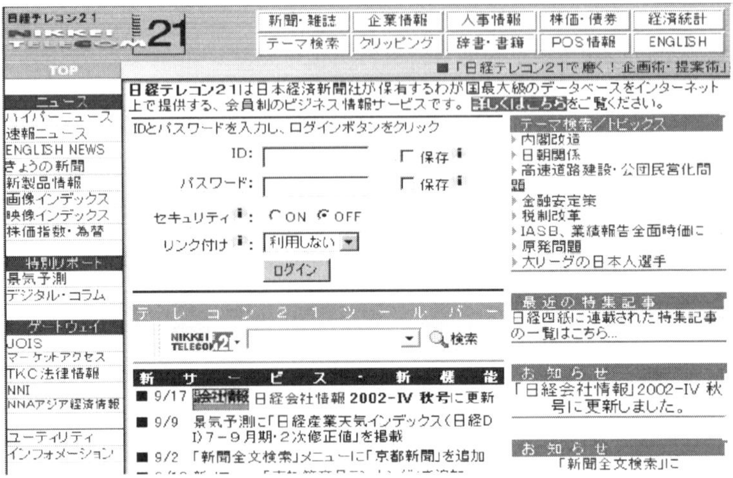

出所）http://telecom21.nikkeidb.or.jp/home/より

商用データベースを利用するには，そのサービスプロバイダと契約し，IDを取得する必要があります。インターネットから利用する際には，そのサービス画面にアクセスし，IDを入力して利用画面に入っていきます。課金方法は，プロバイダごとに異なります。費用が発生するので，利用の際には事前に検索戦略を練り，コスト軽減をはかります。用意されたシソーラス（統制された検索語をまとめたもの）に記載された検索語を利用すると，より効率よく検索ができます。専門的な内容を求める検索や過去に遡る検索（遡及検索）によく用いられます。

検索の結果得られた内容について，条件に適合しているか評価します。評価に使われる基準としては，再現率，適合率などがあります。レコードは件数をあらわします。

再現率，適合率は，次の式で求めます。

再現率＝（適合レコード／データベース中の全適合レコード）×100％

適合率＝（適合レコード／検索された全レコード）×100％
　　　　　　　　　　　↑
　　　　　　適合レコード＋ノイズ（不適合レコード）

しかし，再現率でみる場合，全適合レコードの数を，明確にしにくいので，適合率でみることが多いといえます。

それぞれの検索手段の特徴を理解し，事前に十分な検索戦略を練り，的確で効率よい検索を心がけます。

（4）情報の整理と蓄積

収集された情報は，そのままの状態で保存され，そのまま利用されることもありますが，加工されたり，ある一定のルールのもとに組織化され，後の利用のために整理，蓄積されます。加工では，収集された情報を視覚的効果に訴えるために，グラフや図表にしたり，理論的に把握したり納得させるために，分析したり統計資料を作ったりすることもあります。加工，整理の際に，情報の

主題を分析して，タイトルやキーワードをつけたりして分類します。利用者が目的の情報をすぐ探し出せるように加工，整理することにより，収集した情報の価値が引き出され，活用されます。

ファイリングとは，情報を，分類・整理・保管し，必要なときにいつでもすばやく取り出せるようシステム化することです。

ファイリングの目的には，次のようなことがあげられます。

① 情報活用のため……将来参照し活用する
② 文書検索の能率を図るため……必要文書をより速くラクに取り出せる
③ 文書の私物化を防ぐため……文書を共有し，誰もが自由に利用できる
④ スペースコストの節約のため……スペースの節約をはかるとともに，不必要な文書を捨てる

1）紙メディアのファイリング

ファイリングのための用具として，古くは以下のファイル等が利用されてきましたが，現在でも使われているものもあります。

　　スピンドルファイル……大針に文書を突き刺しておく道具
　　ピジョンホールファイル……仕切り箱
　　ベロースファイル……アコーディオン式のフイゴのように束になったもの
　　フラットファイル……平らな小引き出しのついた整理用タンス
　　ボックスファイル……箱型ファイル

その後，19世紀終わりにバーチカルファイルが用いられるようになりました。文書類をフォルダーという紙挟みに入れ，キャビネット（文書整理用タンス）の引き出しに，垂直に立てて整理保管する方式です。この方式は現在でも主流で利用されています。

文書の整理は，共通の性質を見つけ出しグループにまとめたり，よくいっしょに使う文書を同じファイルに入れる方式が誰にでもわかりやすいと思われます。それらの文書を，五十音・アルファベット，記号，番号，日付などの順で

図表6-10　文書の整理法

整理法	特徴
相手先別整理法	相手先の名前をファイルのタイトルにする方法
コード別整理法	相手先につけた数字や記号の順に並べる方法
主題別整理法	文書の内容別にまとめて整理する方法
形式別整理法	文書の形式（稟議・規定・通達・議事録・契約書など）をタイトルにしてファイルを作る方法
一件別整理法	工事・行事・特許出願等に関する文書を，始めから終わりまでまとめてファイルする方法

並べたり組み合わせたりして整理することが多く行われています（図表6-10）。

2）文書の移し変え

　文書の量は日々増加していきますが，再利用の頻度は，時の経過とともに減少していきます。使用頻度の高い文書と利用率の悪い文書，すなわち，使用価値の高いものと低いものの保管場所を移し変えて利用効率をあげる必要があります。

　移し変えには，使用価値の低下した文書をオフィス内で保管場所を移す「置き換え」と，もっと使用価値が低下して，しかも保存の必要な文書を別の場所の書庫などに移す「移管」があります。「置き換え」の方法は，文書の種類・内容・使用頻度・保管スペースなどによって異なりますが，定期的に置き換える方法と，常時（不定期）に置き換える方法があります。一般には定期的に置き換えますが，事案が完結したら利用価値が急激に落ちるものについては常時置き換えをしていきます。

　移管された文書は「保存文書」といわれます。すぐに廃棄せず保存する理由として，将来の参考資料や証拠資料とする，法廷保存基準があること等があげられます。文書の保存年限は，商法・労働基準法等の保存基準を考慮して決め

図表 6-11　文書の保存年限

文書の種類	保存年限	内容	文書例
最重要文書	永久保存	組織が存続する限り必要な文書	定款・株主名簿・総会議事録，歴史的価値のある文書
重要文書	5～15年	再作成が困難で，経営上不可欠な文書	契約書・認可関係文書
一般文書	1～5年	一時的には有用であるが，すぐに不用になる文書	報告書・往復文書
一時的文書	1年以内	一時的に使ったら，すぐ不用になる文書	メモ・カタログ・パンフレット

ることになりますが，参考までに，おおまかな保存年限を示します（図表6-11）。

3）デジタル情報の電子ファイリング

電子ファイルとしての保存は，紙での保存に比較して，次のような利点があります。

・膨大な情報をスペースをとらずに保存できる。
・ファイル管理がしやすい。
　（フォルダーを作成して内容別に管理することもできる。ファイルの並べ替え・移動・削除等が容易）
・検索性が高い。
・ファイルの再利用や再蓄積ができる。

個人の電子ファイリングでは，とりあえず適当にファイル名をつけ，あいている記録媒体フォルダーに保存することがあり，再利用の際に，「どこかに保存したはずのファイル」を探し回ることもよくあります。個人レベルのファイル管理では，電子ファイルの利点をいかし，その時点でファイルの整理を行い，後の利用に備えることも可能です。しかし，組織全体での利用のために，

ネットワーク上で情報管理を行い,ファイルの共有をする場合は,決められたルールを守って保存をする必要があります。

コンピュータによる情報処理が中心になり,大量のファイル保管が瞬時に行え,再利用も非常に簡単にできるようになりました。これにより,オフィスのペーパーレス化が進むといわれてきました。情報通信白書の「情報化投資に伴う業務内容や業務の流れの見直し状況」では,社内のペーパーレス化をはかったり,情報共有の推進を行ったことがあげられています。しかし,作成された文書は,内容確認やファイリング用,後での閲覧用にプリントアウトされることが多く,必要に応じて複写もされます。実際には,ペーパーが必ずしも減少したとはいえないようです。

紙メディア,電子メディアのいずれにしても,貴重な情報を活用するために,適切なファイリングをするとともに,不必要な文書の廃棄をし,情報の整理を行います。

(5) 情報の提供

情報に関わる業務では,前述したように,正確性,迅速性,即応性,タイムリー性,遠隔性,大容量性をもつ情報に価値があるとされます。口頭による情報提供は,即時性がありますが,時間の経過とともに内容の記憶があいまいになってきます。したがって情報を明確に簡潔に表現する必要があります。記録メディアによる情報提供では記録性があり,内容確認ができます。

情報提供の際には,とくに次のようなことに留意します。
- ・要求にそった内容であるか。
- ・数値,文章表現が正確であるか。
- ・提供の方法は適切であるか。
- ・形式がある場合,形式に即しているか。
- ・要点を簡潔に要領よくまとめているか。
- ・見やすく,レイアウトを工夫しているか。

・参考資料の出所を明確に示しているか。

　最近は，視覚に訴える効果も高く，しかも容易に作成できるため，プレゼンテーションソフト利用による情報提供が非常に多くなりました。用意されたスタイルや機能，アニメーション効果などを利用し，ビジュアルなプレゼンテーションができるようになっています。他のソフトのファイルと同様に，再利用，編集，他ソフトのデータ挿入等が簡単にできます。

　一方，作成した情報を外部でプレゼンテーションする際には，コンピュータ，接続機器の準備が必要であり，事前に接続確認し，本番に備えるという手間がかかります。本番になってうまくできず，相手を待たせたりすることもあります。プレゼンテーションソフトによる情報提供は，情報機器を使うという点で，故障，不具合，停電等のトラブル発生の可能性を考えておく必要があります。トラブルが発生した場合の次の手段を常に準備しておき，どのような手段でもそのときの状況で効果的なプレゼンテーションができるようにしておくべきでしょう。また，ソフトに多くの機能があると，不必要に飾りやアニメーションを多用し，情報提供の本質をあやまっているケースを多くみかけます。

　さらに，このようなソフト利用が多くなると，内容や提供の方法が類似し，独創性がみられなくなってきます。コンピュータを利用して情報提供する場合，操作技術は回数を重ねるごとに向上しますが，表現については，文章力，創意工夫力，センスが大きく影響します。仕事や通常の生活の中で，他の情報表現に興味や関心をもっているか，そして自らの作業にいかしているかということもプレゼンテーション力に関連があると思われます。サンプルがない場合，これらの経験や表現力，関心の差が明確に出てきます。また，非常によくまとめられた情報であっても，相手に提示しながらの説明や報告になった場合，言葉の表現力（バーバルコミュニケーション力），非言語表現力（ノンバーバルコミュニケーション力）が相手に与える印象を大きく左右します。情報提供の際には，それらの重要性に気づき，情報表現力を伸ばしていくことが今後より重要になっていくと思われます。

（6）情報管理上の課題

情報の管理にコンピュータや情報通信技術が利用され多くの便利さが生まれてきた一方で，次のような問題点が指摘されています。

1）ハイテクアレルギー

今日，情報技術の進展があまりにも急激で，ハードウェア，ソフトウェアともに機能アップがめまぐるしく行われています。仕事をする上で，コンピュータ利用が中心となり，変化の速さに十分対応できず，思考と技能面の能力が追いつかないという状況が生まれてきています。

コンピュータが普及し始めた当初，情報業務は情報の専門家による処理が中心であったため，ハイテクアレルギーというのは，一般の人が未知なるものに接してわからない，キーボード操作がなじめない，というようなことを意味していました。近年は，従来の経験や勘による業務遂行だけでなく，トップから一般作業者層すべてにわたって，コンピュータを経営活動にいかに迅速に活用するかが問われています。加速度的にコンピュータのハードウェアやソフトウェアの機能がアップされ対応をせまられる状況に，必要性や利便性は認識しながら，技能的なギャップ，精神的な負担を感じつづけている人は多いのではないでしょうか。

2）情報システムの信頼性

社会に情報システムが浸透し，複雑化されていくと，システムの信頼性という問題が出てきます。プログラムも含めた設定やチェックのミスが大きなトラブルや事件につながります。ネットワーク・システムの稼動が大幅にダウンし，日常生活や仕事に大きな混乱が起きたということも時々話題になります。物理的な切断によるものである場合は，修復にかなりの時間がかかり，社会生活に大きな影響を与えます。

しかし，どのように便利なハードウェアやソフトウェアが出ても，システム構築やチェックに直接関わるのは私たち人間であり，綿密な事前チェック，ダウンに備えた代替システムの迅速な対応等，情報システムの信頼

性をより高めていく必要があります。
3）プライバシー侵害

　個人情報がコンピュータへ蓄積され，必要に応じて検索や活用が容易にできるようになりました。しかし，一方でこれらの情報を不正に取得したり利用したりする情報技術の悪質な利用も起きています。契約や登録のために提供された個人情報が外部に流出し，本人の知らないところで売買されたり，無断で利用されることもあります。

　情報の管理を厳正に行い，情報流出，内外での不正利用のないよう，モラルの向上も含めて心がける必要があります。

4）コンピュータ犯罪

　ハードウェアそのものの物理的破壊，プログラムやデータの盗用，改ざん，破壊などのソフトウェアに対する犯罪も，コンピュータ利用とともに増加しています。

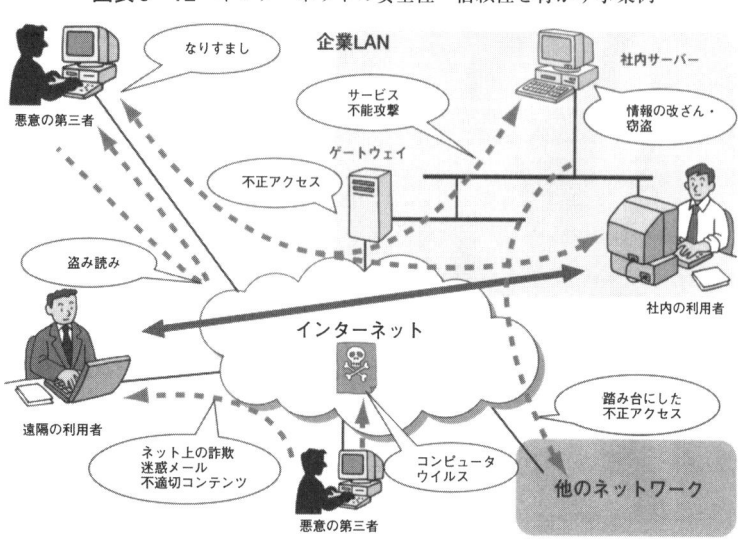

図表6-12　インターネットの安全性・信頼性を脅かす事案例

出所）総務省編『情報通信白書』（平成14年版）より

図表6-13 ハイテク犯罪の検挙件数

	平成12年	平成13年		平成14年
	通年	上半期	通年	上半期
コンピュータ，電磁的記録対象犯罪	**44**	**33**	**63**	**18**
電子計算機使用詐欺	33	28	48	12
電磁的記録不正作出・毀棄	9	2	11	5
電子計算機損壊等業務妨害	2	3	4	1
ネットワーク利用犯罪	**484**	**319**	**712**	**443**
児童買春・児童ポルノ法違反	121	101	245	178
詐欺	53	53	103	59
わいせつ物頒布等	154	49	103	55
青少年保護育成条例違反	−	2	10	25
脅迫	17	28	40	18
著作権法違反	29	10	28	16
名誉毀損	30	18	42	13
その他	80	58	141	79
不正アクセス禁止法違反	**31**	**13**	**35**	**27**
合　計	559	365	810	488

出所）情報処理振興事業協会のホームページより

　近年は，ネットワーク利用の犯罪が急増しています。とくに，インターネットを利用した詐欺，迷惑メール，ウイルス感染，違法コピー等が急増し，社会全体で問題になっています。図表6-12は，インターネットの安全性・信頼性を脅かす事案例です。

　図表6-13，図表6-14は，ハイテク犯罪の検挙件数および相談受理状況です。これらは，明確に数字としてあがったものですが，実際には，もっと多くの犯罪や被害が起きていることが推測されます。相談を受理された件数と実際に犯罪として検挙された件数の数字を比較してみると，ネットワーク利用の匿

図表6-14　ハイテク犯罪等に関する相談受理件数

	平成12年	平成13年		平成14年
	通年	上半期	通年	上半期
インターネット・オークションに関する相談	1,301	1,360	2,099	1,495
詐欺・悪徳商法に関する相談（インターネット・オークション関係を除く）	1,396	898	1,963	1,331
名誉毀損。誹謗中傷等に関する相談	1,884	1,081	2,267	1,229
迷惑メールに関する相談	1,352	1,193	2,647	1,180
違法・有害情報に関する相談	2,896	2,012	3,282	1,176
不正アクセス・コンピュータウィルスに関する相談	505	568	1,335	693
その他	1,801	1,850	3,684	1,988

出所）情報処理振興事業協会のホームページより

名性が，事件として立件することや追及することを困難にしている現状が確認できます。また，犯罪としての意識や罪悪感を薄れさせているようです。

(7) **情報倫理とセキュリティ**

情報倫理とは，芦葉浪久らによれば「情報社会における情報の生産，処理，流通，利用の各場面において，他人の権利を侵害したり，他人と衝突をしたりするのを避けるために，各個人が最低守るガイドラインまたはルールとなるべきもの」といえます。個人情報の保護，ソフトウェアの法的保護は当然統制されるべき事項と考えられます。

情報システムのセキュリティは，物理的セキュリティ，データセキュリティ，システムセキュリティ，管理運用セキュリティに分けられます。

① 物理的セキュリティ……地震・火災・風水害・偶発的事故等による故障・破壊から保護する（戦争，不法侵入などによるものも含む）。

② データセキュリティ……データを故意の修正・破壊・漏洩から防ぐ。

③ システムセキュリティ……コンピュータのハードウェア，ソフトウェアおよびシステムのオペレーションを保護する。
④ 管理運用セキュリティ……機密データの漏洩，データベースの盗用，外部からの不正アクセス等を防ぐ。

仕事での利用のみならず，日常生活での利用も含めた健全なネットワーク環境を確保する必要があります。それには，ユーザー自身の意識の向上と，技術・サービスによる対応が必要になります。『情報通信白書』をもとに，情報セキュリティを確保し健全なネットワーク社会であるための技術やサービスの開発をみていきます。

① 不正アクセス等に対する技術
- ファイアーウォール……外部からのアクセスを制御
- アンチウィルスツール……コンピュータウィルスを検出・駆除するツール
- 侵入検知システム……ホストへのアクセスやネットワーク上の通信を監視し，不正侵入を検知した場合に警報を発するツール
- 不正アクセス発信源追跡……不正アクセスの発信源を追跡し，突き止める（開発中）

② ネットワーク環境の健全性確保に向けた技術
- バイオメトリクス……利用者個人に固有の生体情報を用いて本人認証を行う技術
- コンテンツ・フィルタリング……閲覧に不適切なサイト等を事前にリスト化し，必要に応じてこれらへのアクセスを制御するツール

ネットワークの普及により，従来のスタンドアロン（単体）利用から超高速・大容量のネットワークを介した活用へと情報活動の幅が広がりました。最近では，ユビキタスネットワークの実現に向けた新たなサービス技術が実用化されつつあります。ユビキタスとは，「いたるところに偏在する」という意味で，ユビキタスネットワークとは「いつでも，どこでも，誰でもがアクセスができる」ネットワーク環境のことを指しています。しかし，その反面，ネット

ワーク上の事件やトラブルも急増してきました。私たちは，情報セキュリティの重要性を十分認識して健全なネットワーク環境のもとで，情報を仕事に生活に活用していくことになります。利用者それぞれが果たすべき役割の認識や利用マナーの厳守等，ユーザーの意識を向上させることが重要です。

📖 参考文献 📖

- 芦葉浪久ほか編著『一般情報処理テキスト１　情報と社会』東京書籍，1995年
- 立花靖弘『文科系のための　情報処理概論』樹村房，1993年
- マクドノウ，A. M. 著，松田武彦・横山　保監修，永阪精三郎訳『情報の経済学と経営システム』好学社，1965年
- 丸山昭二郎・岸　美雪・松井　博・柳与志夫『情報アクセスのすべて』日本図書館協会，1989年
- 大西正和・和田弘名編著『現代の情報管理――インターネット時代のビジネス科学――』建帛社，2000年
- 大西正和編著『現代情報活用論』建帛社，1997年
- 山下達哉・寺本義也・山口哲朗『現代情報管理要論』同友館，1994年
- 小山田了三『情報史・情報学』東京電機大学出版局，1993年
- 早川芳敬・高島利尚・財部忠夫・渋佐常博・花岡　菖『経営革新と情報リテラシ』日科技連出版社，1996年
- 斉藤　孝『デジタル時代の情報リテラシー』弘学出版，1998年
- 宮下幸一『新版　情報管理の基礎』同文舘出版，2000年
- 高度情報通信ネットワーク社会推進戦略本部「e-japan戦略」『情報の科学と技術』52巻11号，（社）情報科学技術協会，2002年
- 西田君美雄編『情報検索演習ワークブック』大学堂書店，2001年
- 福永弘之編著『ビジネス実務演習』樹村房，1998年
- 総務省編『（平成14年版）情報通信白書』ぎょうせい，2002年
- 三沢　仁『事務／文書管理』建帛社，1987年
- 高橋光男・中佐古　勇・森貞俊二・吉田寛治『入門　事務・文書管理』嵯峨野書院，1996年

第7章 ビジネス文書

1. ビジネス文書について

　近年，パソコンとインターネットが普及したことから，E-メールを使用する機会が増えています。しかしながら，用紙に印刷する文書がなくなるということはありません。むしろ用紙に印刷した文書は証拠能力などの点でますます重要になります。印刷するビジネス文書の作成に際しては，ある一定の形式に従った文書作成は不可欠となります。

　相手に正確な情報をきちんとわかりやすく伝えるために，伝えるべき情報を文書で示すことは，ビジネス実務を行う上で重要な仕事だといえます。文書作成では担当者の作成能力や人柄を問われることになります。発信された内容はその企業を代表する公の文書となりますので，作成者は会社を「代表」して書いているという自覚が必要です。そのためには，文書作成の基本形式をしっかり身につけることです。ビジネス文書は基本が大切です。種々の内容に応じて適切な慣用句を用い，ビジネス文書を作成します。

(1) 文書の種類

　ビジネス文書は，大きく2つに分けられます。ひとつは，会社内だけ，たとえば本社内，支店内，本店と支店，工場と本店などのように，自分の会社内だけで交わされる文書を「社内文書」といいます。社内文書には，案内状，通知状，通達状，企画書，報告書，提案書，稟議書，始末書，依頼文，照会文，回答文，回覧文，連絡文，議事録，諸届書類などがあります。

一方，社外に向けて発信する文書を「社外文書」といいます。社外文書はさらに，「商取引に関する文書」とそれ以外の儀礼的な意味を含んだ「社交文書」に分けることができます。社外文書のうち，通常の商取引にともなう文書には，依頼状，送付状，契約書，注文書，見積書，納品書，請求書，受領書，領収書，督促状，照会状，通知状，承諾状，断り状，苦情状，抗議状，詫び状，回答状などがあります。社交的な文書には，挨拶状，お礼状，お祝い状，お悔やみ状，お見舞い状，招待状，紹介状，推薦状などがあります。

（2）文書の特徴
　ビジネス文書には次に示すような特徴があります。
① 正確な伝達……文書を作成することにより，内容はもちろんのこと，日時，金額，名前，場所など，とくに注意を要するような事柄を正確に伝達することができます。
② 記録として保存……記録として保存することができるため，後日，取り出して内容を確認することが可能です。
③ 証拠としての役割……後日，何か問題が生じたときは，証拠として提出することが可能です。

（3）作成の心構え
①「正確さ」と信用
　ビジネスはお互いの信頼関係でなりたっています。そのため何よりも「正確さ」が求められます。正確さを欠くと「信用を失う」ことになります。とくに社外文書のように社外に向けた文書では，不正確な文書を作成すると会社の信用を失うことになります。社外文書を作成する時は，会社を「代表」して書いているという自覚が必要です。
②「見直し」の重要性
　文書を書き終わったら必ず「見直し」を行います。とくに数字や固有名詞な

どには細心の注意を払って確認します。忙しいからと文書の見直しを怠ったばかりに，不適切な文書を発送すると取り返しがつかなくなります。不適切な文書を社外に発送すると，再度，詫び状とともに，正確な文書を発送しなければならず，信用を失墜するだけでなく，2倍の手間，時間，費用（郵送料や用紙，封筒）が必要となり，無駄な時間と経費を費やすことになります。そのようなことがないよう文書作成の際は，必ず最後に「見直し」を行い，正確な文書を発送するように十分に注意してください。

③「心を伝える」ことの意義

心遣いのある文書は相手の心を打つものです。とくに社交文書には，「心を伝える」働きも含まれています。つまり，「心を伝える」働きのある社交文書を出すことによって会社間の人間関係がよくなり，ひいては会社の発展に繋がります。タイムリーに心のこもった文書を出すことが大切です。相手の立場にたった心遣いの感じられる文書作成が必要です。

(4) 文書作成の要点

一般的なビジネス文書を作成する上で，とくに注意すべき点を次に示します。

① 文書の基本形式に従って作成

社内文書にも社外文書にも基本の書式がありますので，しっかり覚えて活用します。

② 文書は横書き

数字などが書きやすく読みやすいよう横書きにします。しかし，社交文書のような儀礼的な文書は縦書きにして格式を表現することもあります。

③ 文書の用紙はA4サイズ

用紙サイズはA4判が主流になってきましたが，会社によってはB5判を使用するところもあります。社交文書のような儀礼的な文書は格式を重んじて上質の厚紙，二つ折りのカード，和紙を使用することもあります。

④ 一文書に一件（一件一葉主義）

文書には件名に書かれた内容だけを書きます。たとえば，件名に新製品の案内と書かれた文書に，ついでにということで，同じ用紙に会議の開催通知を書くことはしません。この場合は新製品の案内のみです。

⑤ わかりやすく簡潔に書く

結論から書き，その後，経過報告を書くようにします。

⑥「です・ます」体で書く

⑦ 文字について

常用漢字を用い，現代かなづかいをします。数字は算用数字（アラビア数字）を使います。ただし，必要に応じて漢数字を用います。とくに名前などを間違えないように留意します。また，漢字や表現がわからないときは必ず辞書で確認します。パソコンに頼りすぎると同音異義語など，意味が違う漢字をそのまま使用することになりますので細心の注意を払います。

⑧ 言葉遣いに気をつける

敬語を正しく使用し，好感を与える書き方を心がけます。言葉遣いは，話し言葉ではなく，書き言葉を用います。また，文書特有の書き言葉がありますので，それらを用いて上手な文書表現をします。とくに時候の挨拶，相手の安否や感謝の挨拶，また締めの挨拶など，文書特有の慣用句があるので，覚えて活用します。

⑨ 見た目の美しさに気を配る

書体や文字の大きさ，行間を上手に活用し，読みやすくバランスのとれた美しい文書になるよう心がけます。

2. 文書の種類

社内文書と社外文書の作成の仕方で大きく違う点は，社内文書は会社内部の文書であり，社外文書は外部に出て行く文書であることです。したがって，社

内文書では，挨拶などは省略し，いきなり主文から入るのに比べ，社外文書は頭語や挨拶を書く前文と挨拶や結語を書く末文が必要です。

（1）社内文書・社外文書・社交文書

 1）社内文書

社内文書は，次のような要素から構成されています。
① 文書番号……重要な文書には管理のための文書番号をつけます。
② 発信日付……必ず年月日から書きます。これは保存した時に役に立ちます。年は元号を使用しますが，組織によっては西暦を使用する場合もあります。
③ 受信者名……受取人を書きます。
④ 発信者名……差出人を書きます。社内文書は職名だけの時もあります。
⑤ 件名……標題ともいいますが，主文で書かれている内容の概要を示すものです。これを読むと何の文書か一目でわかるような件名をつけます。
⑥ 主文……いきなり主文になります。書き方も社外文書に比べて簡潔な表現になります。
⑦ 記……下記のとおりと主文で書いたときは，「記」と書いて箇条書きでわかりやすくまとめます。たとえば，1．日時，2．場所，3．議題などとします。

　その際，とくに注意すべきことは，日時を書く際，必ず日と曜日を書くことです。この2つを合致させておくことで正確になります。
⑧ 以上……「文書は終わり」ということを意味しますので，この後に続く文書はありません。
⑨ 担当者……部課名，担当者名や内線番号を書いておくと親切です。

 2）社外文書

社外文書は，次のような要素から構成されています。
① 文書番号……重要な文書には管理のための文書番号をつけます。

図表7-1　社内文書の形式

```
                            文書番号
                            発信日付
受信者名
                            発信者名
         件名
   ・・・・・・・・・・・・・・・・・・
   ・・・・・・・・・・・・・・・・・・
   ・・・・・・・・・・・・・・・・・・
              記
1.
2.
3.
                            以上
                            担当者名
```

図表7-2　社内文書の見本

```
                            総発第〇〇号
                            平成〇年〇月〇日
部 長 各 位
                       総 務 部 長
      〇〇会議のお知らせ
   ・・・・・・・・・・・・・・・・・・
   ・・・・・・・・・・・・・・・・・・
   ・・・・・・・・・・・・・・・・・・
              記
1. 日時
2. 場所
3. 議題
                            以上
                            担当者名
                          （内線番号）
```

② 発信日付……必ず年月日から書きます。これは保存した時に役に立ちます。年は元号を使用しますが，組織によっては西暦を使用する場合もあります。

③ 受信者名……会社名，役職があれば役職名，名前を書きます。会社名で，株式会社の時は（株）と省略せずに正式に「株式会社」と書きます。

④ 発信者名……会社名，役職名，名前を書いて正式には社印と個人印を押印します。また，会社名の前に住所を書くこともあります。

⑤ 件名……標題ともいいますが，主文で書かれている内容の概要を示すものです。これを読むと何の文書か一目でわかるような件名をつけます。

⑥ 前文（頭語・挨拶）……頭語を書いて，時候の挨拶をします。会社であれば相手の会社の繁栄を喜ぶ挨拶をし，その後に日ごろお世話になっている挨拶をします。

⑦ 主文……改行し，一文字あけて「さて，」と書き出します。

⑧ 末文（挨拶・結語）……終りの挨拶をします。その後に結語を書きます。結語は，頭語と対して書きます。

⑨ 記……「下記のとおり」と主文で書いたときは，「記」と書いて箇条書きでわかりやすく書きます。たとえば，1．日時，2．場所，3．議題などのように書きます。とくに，日時を記入する際は，必ず日と曜日を書きます。この2つを合致させておくことで正確になります。

⑩ 同封物……同封するものがあるときに記述します。

⑪ 追記……主文に書かないで，用件を追記することがあります。

⑫ 以上……「文書は終り」の意味を示しますので，この後に続く文書はありません。

⑬ 担当者……部課名，担当者の名前や電話番号を書くと親切です。たとえば，会議の案内状などでは，発信者名と担当者名が違います。その際の発信者名は会議主催者で，担当者は実際にその会議を担当する人です。詳細を聞きたい時はこの担当者に尋ねればわかります。

①から④までを前付け，⑤から⑨までを本文，⑩から⑬を付記と呼びます。
次に，いくつかの項目について個別に補足説明を行います。

○ 受信者の敬称

受信者名には敬称をつけます。

・様……個人名

・殿……個人名や役職名

・御中……会社名や団体名

・各位……同じ文書を多数の人に出すとき

○ 頭語と結語

頭語と結語は組み合わせが決まっていますので，そのまま対で用います。種々の頭語と結語がありますが，一般的なビジネス文書に次のような表現を用いることが多いです。

・拝啓……敬具（通常の一般的なビジネスに用います。）

・拝復……敬具（返事を書くとき）

・謹啓……敬白（儀礼的な文書などで，少し改まったときに「謹んで」の意味で用います。）

・前略……草々（前文を省略する場合）

○ 時候の挨拶

四季をとおして，季節感のある言葉を用いて挨拶をします。その中で「時下」という言葉はどの季節にも用いることができます。また，時候の挨拶の書き方としては，「拝啓　○○の候，貴社ますます……」や「拝啓　寒さ厳しき折……」のように書きます。種々の表現がありますので，例文集などを参考に，季節感あふれる挨拶を書きます。

1月　初春の候，迎春の候，寒さ厳しき折から

2月　立春の候，余寒の候，梅の蕾がほころび

3月　早春の候，春暖の候，日増しに暖かくなってまいりました

4月　春暖の候，陽春の候，春たけなわとなりました

5月　新緑の候，若葉の候，さわやかな風のふくころ
　6月　梅雨の候，初夏の候，紫陽花の咲くころと
　7月　盛夏の候，酷暑の候，暑中お見舞い申し上げます
　8月　残暑の候，晩夏の候，残暑厳しき折から
　9月　初秋の候，新涼の候，朝夕涼しくなりました
　10月　秋冷の候，錦秋の候，菊薫る好季節となりました
　11月　晩秋の候，向寒の候，落ち葉が舞い，木枯らしが吹き
　12月　初冬の候，師走の候，年の瀬も迫り

○　会社の繁栄や個人の安否を尋ねる言葉

　時候の挨拶の後には，相手の会社の繁栄を喜ぶ文を書き，さらに続けて日ごろの感謝を述べます。もし個人に出すのであれば，個人の健康や繁栄を尋ねる文を書きます。

　　会社の場合　　（例）貴社ますますご隆盛のこととお慶び申し上げます。
　　　　　　　　　　　　平素は格別のご高配を賜り，厚く御礼申し上げます。
　　個人の場合　　（例）ますますご健勝のこととお喜び申し上げます。
　　　　　　　　　　　　ますますご清祥のこととお慶び申し上げます。

○　末文（挨拶・結語）

　改行をして，終りの挨拶をします。文末に頭語と対の結語を書きます。
　　　（例）まずは，ご案内申し上げます。　　　　　敬具

　3）社交文書

　社交文書は，格調を高めるために縦書きにする例が多いですが，横書きにする場合もあります。

　社交文書には，お礼状，お祝い状，お悔やみ状，挨拶状，詫び状などがあります。とくに次のようなことに留意して書きます。

　①　**お礼状**……お礼状は，お世話になったお礼や，贈答にたいするお礼など，種々のケースが考えられます。タイムリーに感謝の気持ちを伝えることが重要です。感激や嬉しさが薄れないうちに出しましょう。

図表7-3　社外文書の形式

```
                              文書番号
                              発信日付
    受信者名
                              発信者名
                  件名
頭語　時候の挨拶
    さて，・・・・・・・・・・・・・
・・・・・・・・・・・・・・・・・・・
・・・・・・・・・・・・・・・・・・・
    まずは，・・・・・・・・・・　　結語
                  記
    1.
    2.
    3.
                              以上
                              担当者名
```

図表7-4　社外文書の見本

```
                              総発第○○号
                              平成○年○月○日
○○○株式会社
    ○○○様                    ○○○株式会社
                                ○　○　○
              第○回定例会議のお知らせ
拝啓　○○の候，貴社ますますご隆盛のこととお喜
び申し上げます。平素は格別なご高配を賜り，厚く
御礼申し上げます。
    さて，このたび・・・・・・下記のとおり，・
・・・・・・・・・・・・・・・・・・・・・・・
・・・・・・・・・・・・・・・・・・・
    まずは，ご案内申し上げます。　　　　敬具
                  記
    1. 日時
    2. 場所
    3. 議題
                              以上
                              担当者名（電話番号）
```

② **お祝い状**……心からのお祝いの気持ちを伝えます。とくに忌み言葉を使わないように注意しましょう（忌み言葉：終わる，切れるなど）。

③ **お悔やみ状**……前文を省略し，いきなり主文から書きます。相手の気持ちに立って心からのお悔やみを述べます。とくに忌み言葉を使わないように注意しましょう（忌み言葉：重ね重ね，など）。

④ **挨拶状**……これまでの感謝の気持ちとこれからの挨拶の気持ちを込めて，丁重さや礼儀を欠かないような表現を心がけます。

⑤ **詫び状**……誠実な言葉遣いを選んで書きます。

社交文書を出す場合，全体に共通していえることは次のような点です。

① タイムリーに出します。
② こちらの「心を伝える」ように誠実に書きます。
③ 相手の立場にたった心遣いの感じられる文書にします。
④ 丁重さや礼儀を欠かないように書きます。
⑤ 悔やみ状や見舞い状は，いきなり主文から入ります。

封筒や便箋を買い揃えておくと，すぐに書くことが可能です。儀礼的な文書などは美しい記念切手などを活用するとよいでしょう。

（2）その他の留意点

① 大切な文書は控えをとるようにします。
② 押印は，必ず印鑑が真っ直ぐになるようにします。
③ 文書を綴じることを考えて，左端の余白を右端よりも少し多くとりましょう。保管のためのファイルなどに綴じやすくなります。
④ 辞書や文例集を揃えておき，文例集を参考にするのも良いでしょう。とくに，誤字脱字がないように注意します。わからなければ必ず辞書で確認することが大切です。
⑤ 最新の郵便知識や料金表などを手元に準備しておきます。切手の金額が不足しないように重さや封筒の大きさなどを確認し，正確な金額の切手

を貼ります。

⑥ パソコンによる罫線の装飾について

　パソコンで作成する場合，周囲に罫線などをいれて手軽に装飾をすることができるようになりましたが，基本的にビジネス文書では囲みをつけません。とくに黒太線などで囲むと弔事にとられることがありますので，注意が必要です。

⑦ 添付ファイルの文書について

　パソコンによる添付ファイルの文書もなるべく一度プリントアウトをしてみると全体の印象や内容の正確さを確認することができます。

（3）手書きの留意点

① 　字一句を楷書で丁寧に書きます。書いた字や内容から，その人の性格や人柄がよくわかります。

② 　下書きをします。

③ 　改行の一文字あけるのを除いて行頭は真っ直ぐに揃えると美しくなります。

④ 　文書をみたときの全体の美しさが大切です。一枚の用紙にバランスよく作成します。そのためには自分の書く文字の大きさと書く文章の量を考えて，文字や行の配分を考えます。文書の初めと終りで字の大きさや行間が違いすぎるとみた目の美しさが損なわれます。

⑤ 　相手の名前はなるべく行頭にくるように調整して書きます。また，行頭に「た。」だけがこないようにします。その時は行末におい込むように自分の文字の大きさで調節します。

⑥ 　間違えたときは，白の修正液を使わず必ず書き直します。

⑦ 　緊張感をもって，一字一字を楷書で丁寧に書かれた手書きの文書は，同じ文書を何枚も書けるパソコンで作成された文書と比べて，心の伝わり方が違います。文書の内容によっては時間がかかりますが，手書きの

「手紙の心」を伝えましょう。

3. 封筒・はがきについて

(1) 封筒の書き方
① 相手の名前は楷書で丁寧に書きます。役職がある時は，役職を小さく書き，続けて名前を書きます。
② 本人に必ず開封してもらいたい文書は，封筒の名前の左下に「親展」と書きます。
③ 株式会社を省略しません。(株)と省略しないで，「株式会社」と正式に書きます。
④ 切手は真っ直ぐに貼ります。会社を代表して貼っていることを忘れないようにします。重さや封筒の大きさなどを確認して正確な金額の切手を貼るように気をつけます。
⑤ 封筒はステープラ（ホッチキス）やセロテープなどで綴じないで，のり付けをします。一般的な文書の封緘は「緘」「〆」「封」を記します。

(2) 返信はがきの書き方
① 返信はがきの表の宛名に「行」と書いてあれば，「行」を消します。宛名が個人であれば，「様」と書き，会社や団体であれば「御中」と書きます。
② 返信はがきの裏に，御出席，御欠席とある時に，たとえば，もし出席であれば，出席の前の「御」を消します。また，御住所，御芳名とあれば，「御」を消して住所を書き，「御芳」を消して名前を書きます。
③ たとえば何かのお祝いの招待状であれば，裏面に一言お祝いの言葉やお礼の言葉を書き添えると，返信はがきを受け取ったときの感じがよいので，忘れずに一言書き添えましょう。

参考文献

- 河田美惠子『実践ビジネス実務』学文社　2000年
- 坂井　尚『そのまま使えるビジネス文書文例集』日本実業出版社，1995年
- 小学館編『ビジネスお礼状・挨拶状文例辞典』小学館，1998年
- 清水　保『社内・社外文書の書き方』池田書店，2001年
- 専修学校教育振興会監修「ビジネス能力検定3級テキスト」日本能率協会マネジメントセンター，2002年
- 中川　越『仕事で使うすべての文書辞典』長岡書店，2002年
- 中村健壽編著『新版現代秘書の基礎知識』建帛社，1997年
- 西澤眞紀子ほか『オフィスでつかう「ことば」と「文書」』日本経営協会総合研究所，1995年
- 福永弘之編著『ビジネス実務演習』樹村房，1999年
- 三沢仁・森脇道子「新訂秘書実務」早稲田教育出版，1989年
- 森脇道子編著『新版秘書実務』建帛社，1995年
- 山崎　弘・吉田治司『文書技法テキスト』実教出版，1991年

第8章
労働環境としてのセクシュアル・ハラスメント

1. はじめに

　1999年6月，男女共同参画社会基本法が成立しました。その主旨は，「男性と女性が，社会的・文化的に形成された性別（ジェンダー）に縛られず，各人の個性に基づいて共同参画する社会の実現を目指すものである」ということです。そして，「男女共同参画」は「真に男女平等」に向かうプロセスであり，そのような社会の実現は「個性」への焦点化と「人権」の確立にあるということです[1]。

　セクシュアル・ハラスメントの発生は，まさにこの人権意識の未成熟によるものであり，その行為は，「性別による権利侵害」と受け止められています。したがって，セクシュアル・ハラスメントをなくすためには，人権を確立し，真に男女が平等な社会を実現することが重要となるのです。

　セクシュアル・ハラスメントは，いろいろの場合に起こりえますが，職場においては，「相手方の意に反した，性的な性質の言動を行い，それに対する対応によって仕事を遂行する上で一定の不利益を与えたり，又はそれを繰り返すことによって就業環境を著しく悪化させること」と定義されています[2]。

　女性は「天の半分を支えている」にもかかわらず，これまで，家庭においても，職場・学校・社会活動・政治分野などにおいても，男性と対等な立場にあったわけではありません。なかでも経済的自立は，「人が人として生きる」ための，もっとも基本的要件であると考えられるにもかかわらず，その経済的自

立をもたらす職場においては，平成12年の総理府の調査によれば，「男女の地位の平等感」は，「男性の方が優遇されている」が60.7％で，「平等」は24.5％（男性29.7％，女性20.3％）といちじるしく少なく，不平等感が強いのです。[3]

職場におけるセクシュアル・ハラスメントは，このような男女の関係が不平等な中で発生するものであり，個人の人権にかかわる問題なのです。加えて企業にとってもリスク・マネージメントにかかわる問題であり，社会的にも容認されない行為であるのです。ですから，セクシュアル・ハラスメントの予防が重要となるのです。

そこで，まず，職場において男女の関係はいかなるものか，女性に視点を据えてその労働実態を概観してみましょう。

2. 女性労働の実態

（1）女性の就業人口の増大

女性の労働力率の変化をみると，1975年には45.7％（男性81.4％）であったものが，2001年には49.2％（男性75.7％）に増加しましたが，男女合わせた全体の中では，女性は37.3％から40.9％に増加したにすぎません。これを2001年のGEM（ジェンダー・エンパワーメント指数）で10位以内の国（日本は31位）のいくつかと比較すると，女性の労働力率は，スウェーデンが66.6％（男性73.4％，男女合わせた全体の中で女性は約48％，1999年），ノルウェー68.5％（男性77.9％，男女合わせた全体の中で女性は約47％，1999年），アメリカ59.9％（男性73.2％，男女合わせた全体の中で女性は約45％，2000年），カナダ58.9％（男性72.5％，男女合わせた全体の中で女性は約45％，1999年）は日本よりもいちじるしく高く，これらの国の女性の労働力率は男性の労働力率に近くなっています。[4] 労働力率の高いこれらの国は，合計特殊出生率も比較的高く，女性の「働きやすい環境」づくりに「配慮」されており，「仕事と子育て」が両立しやすい環境にあるということをあらわしています。[5]

第8章 労働環境としてのセクシュアル・ハラスメント

(2) 女性の職業分布の偏り

　このように女性の労働力率が未だに比較的低いわが国で，女性の職業分布はどのようになっているのでしょうか。全産業の中で就業率が8割以上を占めている雇用者を対象としてみると（2001年），雇用者全体に占める女性の割合（40.4％）より高い職業は，「事務職」(59.8％)，「保安・サービス職」(54.9％)，「専門・技術職」(46.1％)，「労務作業職」(43.8％)であるのに対し，「管理職」など事業所の中枢で意思決定を伴う職種は9.1％といちじるしく低くなっています[6]。これを2001年のGEMの高い10位までの国の平均と比較してみると，「行政職及び管理職に占める女性の割合」は10位までの国の平均が30.5％（日本9.5％），「国会の議席数に占める女性の割合」は10位までの国の平均が30.7％（日本9.0％）となり，わが国の女性の社会的地位は極めて低くなっています[7]。わが国において，女性の職場進出は量的にはかなり拡大してきましたが，質的には必ずしも高まっていないということがわかります。

(3) 男女の労働時間の差異

　女性の労働実情を事業所規模5人以上の労働時間でみると，女性の収入を伴う月間総労働時間（2000年）は136.4時間であるのに対し，男性の月間総労働時間は166.5時間で，女性の月間総労働時間は男性の月間総労働時間よりも2割程度短くなっています。ところが，さらに男女の平均月間労働日数（男性20.4日，女性19.4日）[8]から，1日の労働時間を単純に割り出してみると，男性が8時間12分，女性が7時間2分となり，1日の女性の職業労働時間は男性の85％まで高まります。

　さらにまた，男女の家事労働時間をみると，専業主婦の家事時間が平日で7時間12分と長いのは当然としても，有職女性の家事時間も3時間8分と成人男性の家事時間36分よりもいちじるしく長いのです[9]。この家事労働時間を，男女別々に，単純に職業労働時間に加算してみると，1日の労働時間のトータルは，男性が8時間48分，女性は10時間10分で，女性の1日の労働時間は男

163

子より1時間22分長く,それだけ女性が労働に拘束される時間が長いということがわかります。

これをフルタイムの職業労働に従事する女性に限ってみると,1日の労働時間はさらに長くなり,過酷な労働実態が浮き彫りとなります。そこで,女性が結婚して職業労働に従事しようとすると,いきおいパートタイム労働を選択するということになります。あるいは,パートタイムを選択することを余儀なくされるといったほうがよいかもしれません。あるいはまた,そのような既婚女性の労働実態を察知し,女性の晩婚化が進み,少子化現象が起こるということにもなるのです。

(4) 男女の賃金格差

では,そのような女性労働の実情の中で男女の賃金はどのようになっているのでしょうか。2001年の男女の実質賃金格差をみると,所定内給与で男性100に対し,女性は65.3でしかありません。[10] ちなみに,女性の労働力率が高いスウェーデンは91.2(1998年),オーストラリア88.5(1998年),ノルウェー86.9(1999年),アメリカ76.5(1999年)[11] と,日本よりもいちじるしく高くなっています。それでも男女の賃金格差がかなり大きいのが世界的傾向であり,ここでも女性の劣位が明らかです。

3. 女性労働の実態およびその背景とセクシュアル・ハラスメント

しかし,以上のような女性の労働実態は,労働力率・職種の偏り・時間的不均衡・経済的格差としてのみ取り上げられるべき問題ではありません。それらによって,女性が「人」としての「生」の実現を阻まれていることの認識こそ重要なのではないでしょうか。すなわち,セクシュアル・ハラスメントの観点に立てば,そのような不平等な職場環境が,セクシュアル・ハラスメントを生

む土壌となっているところに問題があるのです。セクシュアル・ハラスメントは職場の「力」関係で起こりがちですから，女性の劣位は女性に対するセクシュアル・ハラスメントを起こしやすいということになります。

さらに，その背後には「男は仕事，女は家庭」という固定した考え方が社会文化の文脈として存在し続けていることへの認識が重要です。なぜなら，性別役割分業意識は，職場でも「男性が主な仕事で，女性は補助」という役割関係を生み，女性が正当に評価されないということが起こりうるからです。もちろん，性別役割分業観についての調査では，年々「反対」が増加していますが，それは，女性が家庭役割「のみ」に生きる考え方に「反対」ということであり，「男は仕事，女は家庭と仕事」という考え方へ形を変えており，新性別役割分業意識となって貫徹されているのです。このように女性の就業はすすんでも性別役割分業の基本部分は変化していないので，職場でも家庭との両立のために，主力から遠ざかるということになりがちです。

そしてまた，セクシュアル・ハラスメントは，社会的文化的土壌を背景とした環境の中で発生しますから，ジェンダーの視点なくしては，セクシュアルな問題もハラスメントな行為も見えにくくなるところに問題解決の困難さがあるのです。これがセクシュアル・ハラスメントの予防に力をいれるもうひとつの理由でもあります。

4. 改正男女雇用機会均等法（改正均等法）とセクシュアル・ハラスメント

(1) 改正男女雇用機会均等法の施行

わが国において，セクシュアル・ハラスメントに関しては，1984年頃から問題提起がなされるようになり，1989年に日本で初めて起こされたセクシュアル・ハラスメントの福岡裁判により，大きくクローズアップされることになりました。[12] そして，「セクシュアル・ハラスメントは雇用上の性差別」[13] とみな

されるようになり，1999年，改正男女雇用機会均等法が施行されるに至ったのです。

　この改正男女雇用機会均等法の画期的意義のひとつは，第21条関係に働く女性が性により差別されることなく，その能力を十分に発揮できる雇用環境を確保するために，セクシュアル・ハラスメントをなくすことの必要性を謳いあげ，セクシュアル・ハラスメントを未然に防止するために，事業主に雇用管理上の配慮義務が課されたことであり，それを指針として示したことにあります。日本ではじめてセクシュアル・ハラスメントを法律による規制の対象としたのです。

　　第21条　事業主は，職場で行われる性的な言動に対するその雇用する女性労働者の対応により当該女性労働者がその労働条件につき不利益を受け，または当該性的な言動により当該女性労働者の就業環境が害されることのないように雇用管理上必要な配慮をしなければならない（後略）。

(2) 職場におけるセクシュアル・ハラスメントの種類と内容

　改正均等法の指針では，職場におけるセクシュアル・ハラスメントを対価型と環境型とに分類しています。この両者は区別がはっきりしないこともありますが，「何がセクシュアル・ハラスメントにあたるか」は，基本的には「相手の意に反する」「不快な」という受け手の主観的尺度が基準となると解されています。

1) 対価型

　これは地位利用型ともいわれ，上司や同僚などが，仕事上の権限や地位を利用して，女性労働者の意に反する性的言動を行い，女性がそれを拒否したり，抗議するなどの対応を行った場合に，その対応により，女性が解雇，降格，配置転換，減給などの不利益を受けることをいうとしています。労働条件の変更

と引き換えに性的要求を行うものとしています。

2）環境型

　これは労働条件の変更や経済的不利益は必ずしも伴いませんが，女性の意に反する性的な言動，たとえば，胸や腰をさわる（身体接触型），卑猥で不快な冗談をいう（発言型），ヌード写真を貼る（視覚型）など，女性の就業環境が不快なものとなり，就業意欲が低下し，仕事が円滑に行えなくなるなど，見過すことのできない支障が生じることをいうとしています。

(3) セクシュアル・ハラスメント防止のために事業主が配慮すべき事項
　均等法等21条に対する指針は次の3項目を定めています。
　① 事業主が方針を明確化し，労働者に対しその周知・啓発を行う。
　② 相談・苦情窓口を明確にし，相談・苦情に対して，適切かつ柔軟に対応する。
　③ セクシュアル・ハラスメントが生じた場合には事実関係を迅速かつ正確に確認し，適正に対応する

5. 労働現場におけるセクシュアル・ハラスメントの実態と対策

　では，労働現場での実態はどのようなものであろうか。事業主のセクシュアル・ハラスメント防止対策と従業員に対するセクシュアル・ハラスメントの実際を，平成13年度福岡県女性労働実態調査結果[14]（調査地域：福岡県全域，調査日：平成13年6月1日，対象：常用労働者30名以上の民間事業所2,000および正規男女従業者それぞれ4,000）を例にみてみよう。

(1) 事業主のセクシュアル・ハラスメント防止への取り組み

「セクシュアル・ハラスメントは許さないという方針を立て，周知している」と答えている事業主（40.6％）は4割でもっとも多く，「就業規則等でセクシュアル・ハラスメントの防止対策措置を規定している」との具体的対策は，4事業所の中1事業所（25.3％）と低下し，さらに「セクシュアル・ハラスメントに関する相談窓口を設けている」（22.3％），「管理職に対してセクシュアル・ハラスメントに関する研修を行っている」（20.8％）は2割に低下し，具体的対策展開のむずかしさを物語っています。しかも「特に何も配慮していない」事業所（35.3％）が3割以上もあり，事業主のセクシュアル・ハラスメント防止対策に対する意識変革の困難さがあらわれています。

この傾向は，調査項目など異なるので単純には比較できませんが，全国を対象に厚生労働省雇用均等・児童家庭局が実施した「平成13年度女性雇用管理基本調査」[15]の結果をみても大きな変化はみられません。事業主の意識改革がまたれるところですが，これがわが国の意思決定層の実態をよくあらわしているともいえましょう。

(2) セクシュアル・ハラスメントの実態

「セクシュアル・ハラスメントの被害を受けた事がある」（女性18.2％，男性1.8％）のは，女性が5人に1人と圧倒的に多く，これは，わが国における職場における男性優位を物語っています。このセクシュアル・ハラスメント実態が，「女性」の人権の侵害であるということの認識が重要であることを示しています。

被害内容は（男性はサンプル数が少ないので割愛），1位が「性的な冗談，からかいや質問をされた」で「頻繁にある（あった）」「時々ある（あった）」「まれにある（あった）」を合わせて8割（78.9％）にも達しています。第2位は「身体に触られた」が7割（69.3％），第3位は「仕事に関係ない食事などに執拗に誘われた」（30.0％），第4位「ヌード写真を見せられたり，不愉快な視線

第8章　労働環境としてのセクシュアル・ハラスメント

をおくられた」(25.9%) となっており, いずれも環境型と受け止められますが, 対価型に発展する可能性も含んでいるのです。

　セクシュアル・ハラスメント被害者が女性である場合にかぎってその加害者をみると, 加害者は「異性の上司」(75.2%) がもっとも多く, セクシュアル・ハラスメントの発生が「力」との関係でみられるゆえんであり, その発生防止の困難さもここにあると考えます。

6. おわりにかえて——働きやすい労働環境の創出

　セクシュアル・ハラスメントは,「性的いやがらせ」と訳されていますが, 沼崎一郎は「性的にいじめること」すなわち「性暴力」といっています[16]。これはセクシュアル・ハラスメントが人権侵害であるということに気付き, 認識することの重要性を指摘しているものだと受け止めます。

　職場でのセクシュアル・ハラスメントは, 女性が職場で不平等な地位に置かれていることからくる「力」関係で起こってくる問題です。また, セクシュアル・ハラスメントはジェンダー意識から抜けきれない人々が, 女性をジェンダーの対象としてみることから発生するものだと思います。さらにまた, 事業主のセクシュアル・ハラスメント防止に対する取り組みは, 事業主の事業経営における女性労働の位置づけ, 経営姿勢を反映しているものと思われます。

　したがって, 職場におけるセクシュアル・ハラスメントを未然に防ぎ・克服するには, 事業主をはじめ職場のすべての人たちが「個」に焦点を置き, 人権意識を高め, 人や人を取り巻く環境に配慮し, 男女差別のない労働環境をもった企業文化を意識的に創出するよりほかにないのです。そのためには, 私たちひとりひとりが自分のよって立つ企業文化を対象化し,「人権」をキーワードに問い直していくことです。そして, 人と人, 人と環境との共生・調和をはかることです。そのような心的プロセスが, セクシュアル・ハラスメントを未然に防ぎ・克服することにつながると考えます。そして, 真に人が人として, 個

169

性を最大限に伸長・拡大し,「生」の実現をはかることができる労働環境が創出されると考えます。

📖 引用文献 📖

1) 大沢真理編集代表『21世紀の女性政策と男女共同参画社会基本法』ぎょうせい, 2000年, p. 1
2) 福岡県生活労働部労働局新雇用開発課『職場におけるセクシュアル・ハラスメント防止ガイドブック』2002年, p. 1
3) 総理府広報室編「男女共同参画社会」『月刊世論調査』2000年, 9月号, pp. 110〜111
4) 労働省雇用均等・児童家庭局編『平成13年版 女性労働白書——働く女性の実情——』財団法人21世紀職業財団2002年, 付 7
5) 内閣府『平成14年版 男女共同参画白書』財務省印刷局, 2002年, p. 33, 182
6) 前掲『女性労働白書』付26, 27
7) 前掲『男女共同参画白書』p. 34
8) 前掲『女性労働白書』付61
9) 前掲書付102
10) 日本婦人団体連合会編『女性白書2002』ほるぷ出版, 2002年, p. 267
11) 内閣府編『平成13年度国民生活白書』ぎょうせい, 2002年, p. 57
12) 林弘子「職場におけるセクシュアル・ハラスメントへの法的対応」『ジュリスト』No. 956, 1990年, p. 42
13) 金城清子「セクシュアル・ハラスメントと男女雇用機会均等法」『ジュリスト』1990年, 前掲書, p. 39
14) 福岡県生活労働部『平成13年度福岡県女性労働実態調査——結果報告書——』2002年, pp. 24〜26
15) 厚生労働省雇用均等・児童家庭局雇用均等政策科『平成13年度女性雇用管理基本調査結果報告書』2002年, pp. 16〜17
16) 沼崎一郎『キャンパスセクシュアル・ハラスメント対応ガイド』嵯峨野書院, 2001年, p. 6

執筆者

増田　卓司	九州共立大学	（第1章，第2章）
白川美知子	九州共立大学	（第3章，第5章1，4-7）
金生　郁子	香蘭女子短期大学	（第4章，第5章2-3）
木原すみ子	九州龍谷短期大学	（第6章）
藤村やよい	久留米信愛女学院短期大学	（第7章）
花崎　正子	東筑紫短期大学	（第8章）

（執筆順）

ビジネスパーソンのためのビジネス実務の基礎

2003年4月30日　第一版第一刷発行
2011年3月31日　第一版第三刷発行

著　者　　増田　卓司ほか
発行者　　田　中　千津子

発行所　〒153-0064　東京都目黒区下目黒3-6-1
　　　　☎ 03(3715)1501　FAX 03(3715)2012
　　　　振替　00130-9-98842

株式会社　学文社

検印省略　　　　　Ⓒ 2003 MASUDA Takuji Printed in Japan
ISBN 4 7620-1249-1　印刷／シナノ印刷株式会社